南北辉映 礼乐至上

Joint Exhibition of the Bronze-ware in Henan and the Proto-procelain in Zhejiang during the Zhou Period

杭州博物馆 编 杜正贤 主编

西泠印社出版社

展览总策划：杜正贤　田　凯　俞友良

展览统筹：刘春蕙　余洪峰　张得水　施　兰

展览协调：黄　燕　王小冰　李　琴

展览团队：黄　燕　王小冰　沈芯屿　苏　博　阎晶宇

　　　　　沈　扬　董千里　温玉鹏　沈　焱

照片提供：河南博物院　德清县博物馆　杭州博物馆

图录文字：董千里（青铜器部分）　沈　焱（原始瓷部分）

　　　　　温玉鹏（校对）

序　言

嵩岳苍苍，河水泱泱，华夏文明，肇于河江。
武王克商，周礼兴邦，吉金铸国，日靖四方。
越域茫茫，列土封疆，水火抟埴，肇自余杭。
周礼东渐，浙瓷西扬，南来北往，厥有汉唐。

两周时期，青铜器，尤其是青铜礼器，作为礼乐制度的物质载体，等级身份的象征，盛极一时。

公元前11世纪，西周建立。周天子分封宗亲、功臣、旧贵族为诸侯，"封建亲戚，以藩屏周"，同时制定了与封建制密切相关的宗法制、礼乐制，以维护等级秩序。按周礼规定，天子用九鼎八簋，诸侯用七鼎六簋，卿大夫用五鼎四簋，士用三鼎二簋。虢季墓随葬七鼎六簋，体现了西周时代的森严等级。平王东迁，周室衰微，诸侯称雄，礼制僭越。郑韩贵族以九鼎八簋九鬲随葬，表明礼制的僭越。

原始瓷，是百越民族中最古老、最强大的一支——于越人的发明，作为于越人的活动中心，浙江不仅是最早烧制原始瓷的地区，也是原始瓷烧制的核心区域，尤其是以德清为中心的东苕溪流域，是中国原始瓷的重要发源地。

春秋战国时期，越国统治者审时度势，革新政治、文化制度，效法中原的礼乐制度，移风易俗，不仅得到了中原国家的文化认同，也在争霸战争中，独霸一方。于是"北渡兵於淮，以临齐、晋，号令中国，以尊周室"，并"致贡於周。周元王使人赐勾践胙，命为伯"。

越国在尊崇中原礼制的同时，也仿照中原青铜器的形制、纹饰，烧制了数量众多的原始瓷礼器，以原始瓷替代青铜器。越人在保存本民族优秀文化传统的基础上，将中原礼乐制度与越地文化传统相结合，逐步实现中原礼制的本土化，创造了独具越地特色的礼乐文化。

杭州半山出土的原始瓷是这一时期原始瓷礼乐器的代表。出土的镈钟、镦于、勾镶等礼乐器，不仅制作规整，在器形、尺寸、纹饰等方面也与青铜器相类，亦存在编钟制度。这类原始瓷礼器简洁饱满，制作规整，刀线清晰，筋骨苍劲，将青铜器的刚劲线条与泥胎的柔婉媚丽相结合，既保存了青铜器的张力和厚重感，又突出了原始瓷的柔美内蕴，既再现了青铜器沉重、劲健的精神特质，又别具越地风情，形成了仿铜原始瓷礼乐器独特的艺术形式和典雅韵味。

浙江原始瓷在器形、纹饰、组合等方面，也对中原青铜器产生了重要影响。其北传至中原，成为中原贵族眼中可与青铜器比肩的珍贵之物。河南、河北、山西、陕西等地的高等级贵族墓葬和等级较高的遗址和城址中，都有发现。

秦汉以降，随着体制创新，社会进步，技术变革，风靡一时的青铜礼乐器，逐渐退出历史舞台。中原的青铜文化，也在秦汉之后式微。两汉时期，制瓷业进一步发展，脱胎于原始瓷的成熟瓷器出现，逐渐成为遍及南北方的大众日常用品。而浙江，作为原始瓷的重要发源地，成为新的制瓷中心，声名远扬。

本次展览遴选了三家博物馆所藏的原始瓷与青铜器精品，自开展之日起，备受海内外观众好评，并参评了2016年全国博物馆十大陈列精品展。此书从南北方对比、原始瓷与青铜器对比的视角，全景式展现了两周时期南北方文明的融通性与差异性，继承性与创新性，在解读文明的同时，带给读者以艺术与文化的双重盛宴。

杭州博物馆

目　录

■ 南北辉映　礼乐至上

国之大事　　在祀与戎

　　河南位于黄河中下游之华北平原，水土丰饶，沃野千里，是农耕时代的风水宝地，是中华民族的重要发祥地，夏商周三代王朝均在这片土地上建都立国。河南是商周考古成果丰硕的地区，历年出土的甲骨文、青铜器举世瞩目。

　　周朝八百年，以平王东迁为界，区分为西周和东周。周朝实行分封制，周天子将同姓宗亲和一些异姓贵族分封到各地建立诸侯国，而地方诸侯则效忠周天子，所谓"封建亲戚，以藩屏周"，同时制定一系列旨在严密宗法关系和社会等级的典章制度与礼仪规范。

　　洛阳是西周之东都，又是东周之首都，而在整个河南境内更是封国林立、气象万千。西周时期，宗室强盛，天下共主，社会安定，民生乐业，是孔子称许的"郁郁乎文哉"时代。及春秋战国，周主暗弱，诸侯称雄，僭越礼制，践踏纲纪。河南境内的中原大地，更是八方风雨，烽烟四起。不论是钟鸣鼎食、风清气淳的西周，还是争霸逐鹿、礼崩乐坏的东周，这些往昔的社会现象，在那个时代的青铜器上均有生动的体现和深刻的铭记。

西周（公元前1046年—前771年）

周代商起，立国于中，
营建洛邑，礼乐相成。
颍淮长子口，古器存殷风。
河淇卫康叔，历世传彝宗。
南土申与吕，身籍宝簠铭。
虢公钟鸣鼎食，
应侯金瓯玉佩，
千年遗籍，瞬间尊荣。
礼乐之器重启封，
韶光几度匆匆。

西周诸侯国分布图

西周洛邑

　　周武王灭商后，迁九鼎于洛邑（洛阳）。成王即位，周公辅政，迁殷遗民，营建新都洛邑，称为"成周"或"新邑"。成周城规模宏大、布局严谨，是与宗周并立、抚镇四方的又一王权所在地。

西周洛邑城址平面图

西周青铜器

　　约从公元前3000年起，中国逐渐进入青铜时代。西周是中国古代铜器发展的重要时期。在此期间，青铜冶铸技术不断发展，铜器的数量有较大的增长，主要包括青铜礼器、乐器、兵器、工具和其他日用杂器等。西周时期有许多铸工精湛、造型雄奇的重器传世，且多有长篇铭文，是研究西周社会历史、文化、艺术等的重要资料。

　　迄今所知，西周青铜器的分布北起内蒙古、辽宁，南到湖南、江西、四川，东至山东半岛，西抵甘肃、宁夏，其中以王畿所在的陕西、河南出土最多。王臣铸作的铜器占西周青铜器的很大比例。诸侯国的铜器也有发现，但多属姬、姜两姓的诸侯国，如燕、鲁、卫等，反映了西周社会宗法分封制的特点。边远地区如巴蜀、吴越等古国的西周时期铜器，多带有一定的地方特点，其礼器和乐器的形制与制度受中原周器的影响较大，但兵器、工具和杂器等多保留本地土著的传统。

鹿邑太清宫长子口墓

地理位置

长子口墓，位于河南省鹿邑县太清宫镇，是西周时期重要的诸侯国墓葬。

墓内随葬品丰富，出土有青铜器、玉器、骨器、蚌器、瓷器、陶器等606件，各类文物总数近2000件。其中，包括青铜器235件。按其用途，大体可分为礼乐器85件、兵器46件、工具14件、车马器78件和杂器12件。以青铜礼乐器数量最多。

墓葬所在的鹿邑地区，作为商王东征入（夷）方的必经之地，华夷势力的交错地带，是南北方文化交流的重要通道。长子口墓的发现，为研究商周鼎革之际的历史、社会、文化等，提供了实物资料。

墓葬时代

长子口墓的南北朝向、双墓葬规划与腰坑配置，与殷人墓具有一致性，体现出浓厚的商代遗风。腰坑内一人一狗的殉葬方式，与殷墟后岗9号墓亦相同。长子口墓共计人殉、人牲14个，马5匹，狗1只，数量之多，是目前发现西周墓中所仅见。

长子口墓出土的器物，有些与商代晚期同类器物相似，有些则属于西周初年。如觚、爵组合，随葬酒器数量远多于食器，是商代墓葬的典型特征。以鼎、觚、角为核心的青铜器组合，与殷墟郭家庄M160墓基本相同。车马器与滕州前掌大M4和M3商代墓葬基本相同。出土的青铜甗、罍、斝、卣、盘、觯等器物，与泾阳高家堡商代墓葬相同，且纹饰相类。

长子口墓出土的盘、盉组合及尊、卣组合，则具有西周特色。所有青铜器中未见西周成王之后的器形。因此，可进一步推断墓葬的年代为西周初年，不晚于成王时期。

墓主身份

墓葬的亚字形结构、双墓道形制，表明墓主的高贵身份。而兼具商周特色的随葬品，则表明墓主为商周之际的殷遗民，或与商朝有密切关系的东夷贵族。墓中出土的带铭铜器共计54件，其中48件均为长子口自铭。"长"应是氏族或国名，"子"是身份，"口"为私名。经骨骼鉴定，长子口为60岁左右的男性。刘向在《别录》中曾提到："辛甲，故殷之臣，事纣，盖七十五谏而不听，去至周，召公与语，贤之，告文王，文王亲迎之，以为公卿，封长子。"推测长子口是臣服于商王朝的长氏方国最后一代封君。长子口也可能是以长子为氏。

长子口墓随葬的青铜礼乐器，数量多于其他商周之际的墓葬。8觚8爵的配置，也体现其身份之高。而数量众多的方形青铜器，则表明长子口的高贵地位。

长子口墓北椁室随葬器物

"长子口"铭文

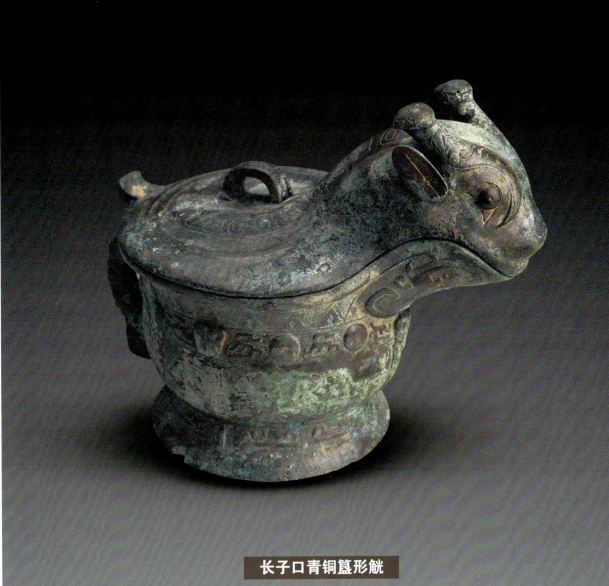

长子口青铜簋形觥

西周
通高24厘米　器身高13.4厘米　长31.8厘米　口径20厘米　圈足底径16.8厘米　腹厚0.4厘米　重5000克
鹿邑太清宫长子口墓出土
河南博物院藏

分盖、器两部分。盖身呈圆形，盖首为昂起的龙头，后端呈宽扁形，尾上翘，中置半环形钮。器宽短流，侈口圆唇，微束颈，圆鼓腹，圆底，圈足外撇，足底加厚。与龙尾对应的腹部置半环形兽首鋬錾，下有长方形垂耳。腹上部等距离布四个兽面饰，对应的腹部和圈足处各饰四条扉棱。器身基本呈簋形。盖之龙首的鹿角矮粗，角下置叶形耳，小臣形目，眼睛圆突有瞳孔，大弯勾形眉，突鼻吻，双角之间向盖面浮雕出龙身一周，龙身中间起脊，两侧施鳞纹，前躯两侧伸出双足，四爪锐利。钮面浮雕夔龙形图样。器颈施一周双重三角纹，下施一周兽面饰与涡纹相间的夔龙纹带。腹中下部施四组分解式兽面纹，以扉棱作鼻梁、曲折角，勾眉，圆方目，条形瞳孔，桃形耳，大口，嘴角内卷，外置足趾。流口下施对应的两条竖立夔龙纹，张口，前躯伸出长足，四爪尖锐，造型别致。圈足施夔龙纹带，以扉棱为中隔，两两对首，探头张口，双唇向上，顶置弯角，长躯上卷尾，下置双足。器底内壁有铭文"长子口"三字，盖内壁对铭。

青铜刀

西周

长23.6厘米　宽6.2厘米　銎宽3.3厘米　銎内径2.4厘米　銎间距3.1厘米　重550克

鹿邑太清宫长子口墓出土

河南博物院藏

器呈长条形，直背直刃，首上卷，背上有四个椭圆形銎。銎面斜饰三角目雷纹，刀身两侧上部饰阳线龙纹，每面四条。刀首銎上圆雕一卧虎，张口吐舌，圆眼凸起。

庞村卫国墓地

1961年7月，在与辛村相距1公里的庞村南边的断崖中，又发现了西周贵族墓，出土青铜器31件。墓室为长方形竖穴，长5米，宽3米，深7米，铺一层蚌壳、卵石和朱砂。这批青铜器的出土地点在西周时是卫国属地，东距朝歌不足30公里。1932年，在其东南约1公里的浚县辛村，曾出土大批青铜器，考古人员将其定为卫国贵族墓地。这批青铜器与辛村所出的铜器具有同一风格，地理位置亦颇接近，也应属于西周早期卫国贵族墓葬。它们的造型和纹饰仍带有殷文化的特点。出土的青铜器有7件带铭文，从字迹到氏族名、人名，都表明不是一人之器，时间也有早晚，这可能是墓主人生前的用具来源于多方面所致。从辛村、庞村墓葬出土器物来看，可以证明这里是西周时期卫国的中心区域。

"白"青铜簋

西周

高13厘米　口径18厘米

庞村卫国墓地出土

河南博物院藏

侈口，颈部饰一周浮雕夔纹和漩涡纹，前后两面各饰一兽面，腹部为竖条棱。两耳为兽形，高圈足，外壁饰有夔纹。器内底铭文"白乍宝彝"。

雷纹青铜觯

西周

高17厘米　口径7厘米　足径6厘米

庞村卫国墓地出土

河南博物院藏

体圆，鼓腹，高圈足，侈口，呈喇叭状。颈下及足部各饰一周云雷纹，其它部分为素面。内底铭文"口父己"三字。

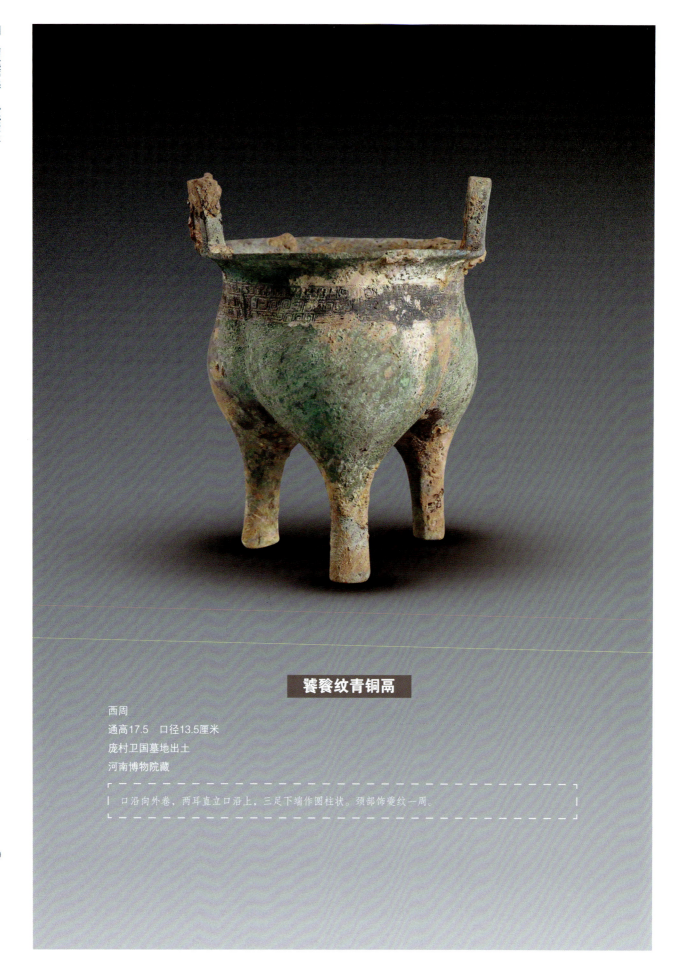

饕餮纹青铜鬲

西周
通高17.5　口径13.5厘米
庞村卫国墓地出土
河南博物院藏

口沿向外卷，两耳直立口沿上，三足下端作圆柱状。颈部饰夔纹一周。

饕餮纹青铜甗

西周
高38.5厘米 口径22.5厘米
庞村卫国墓地出土
河南博物院藏

敞口，绳纹耳直立于口沿。上下连铸，内有圆箅。颈部饰夔纹组成的饕餮纹一周。三足上腾饰饕餮纹，下端为蹄足。内壁有铭文一字。

三门峡虢国贵族墓地

虢国墓地，位于河南省三门峡市上村岭附近，是两周时期重要的诸侯国墓地。

20世纪50年代和90年代，经过两次大规模考古发掘，发现贵族墓葬200余座。其中，以虢季墓最为引人注目。

虢季，是西周晚期的虢国国君。其墓为长方形竖穴墓，出土随葬品3200余件，以青铜器、玉器为主，包括七鼎、六簋。七件列鼎铭文为"虢季作宝鼎，季氏其万年，子子孙孙永宝用享"。其余器物皆有铭文"虢季"。

关于虢季墓的年代，其附耳蹄足鼎形制与晋姜鼎基本一致，而晋姜鼎的年代应在公元前745至公元前740年，属于春秋早期。而上村岭虢国墓地的年代当不晚于公元前655年。《左传·僖公五年》载："八月，甲午，晋侯围上阳……十二月，丙子，朔，晋灭虢"。僖公五年，即公元前655年。虢季墓出土的青铜器装饰有西周晚期流行的重环纹、波曲纹、窃曲纹、垂鳞纹等，而随葬器物的组合形式也属西周晚期。因此，虢季墓的年代当为西周晚期—春秋早期。

虢季墓出土的文物，对研究两周之际的社会鼎革，乃至虢国的政治、经济、文化面貌、葬俗等，提供了重要的实物资料。

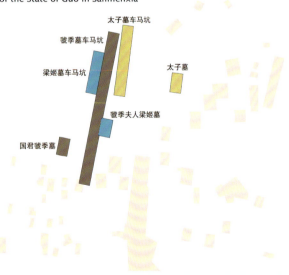

三门峡虢国墓地墓葬分布图

虢季墓墓底随葬器物

"虢季"青铜铺

西周

高15厘米　口径23厘米　腹深4.7厘米　圈足径16.3厘米

三门峡虢国贵族墓地出土

河南博物院藏

上部为浅盘，盘口平折沿，折壁内收，底近平。下部为镂孔的喇叭状高圈足。豆盘外腹壁饰一周勾连云雷纹。圈足自上而下饰三周鳞纹，一周重环纹，一周凸箍形弦纹和一周波曲纹。盘底部有两行铭文：虢季乍甫，子子孙孙用享。

"虢季"青铜盨

西周

通高18.6厘米　口径22.6×16厘米　腹深9厘米

三门峡虢国贵族墓地出土

河南博物院藏

弧角长方形子口，腹壁略外鼓，两兽头耳。椭方形圈足上有两个侧面各有一个缺口，两缺口相对。上有盖，盖表面向上隆起，上面有四个矩形支钮，排成相互平行的两行。盖口沿与器口沿外部各饰一周突目窃曲纹。腹部及盖腹部各饰数周瓦棱纹，盖顶部的四个支钮间饰突目窃曲纹。圈足上饰一周卷云纹。器底与盖内铭文内容相同，均为两行八字，盖铭是从左向右读，底铭为从右向左读，其内容均为：虢季乍旅，盨永宝用。

蟠龙纹青铜盉

西周

通高22.5厘米　长31厘米　宽8.8厘米　腹深13.8厘米　口9×7.4厘米

三门峡虢国贵族墓地出土

河南博物院藏

腹部呈扁体椭圆形，前有管状流上扬，流端为一兽头。后有饰兽头的半环形鋬。背中部有一低领长方口。方形子口盖表饰一只昂头盘身而卧的海兽状动物，通身有鳞，身体的前段两侧各有一个鳍形翼。盖后端有一个半环形小钮。腹下部的四足为四个直身跪坐的裸体女人，面部朝外，五官清晰，双手背于身后。背部器口的两侧各饰两行重环纹。腹部的两面各饰一蟠龙纹。

青铜銮铃

西周
通高17.1厘米
三门峡虢国贵族墓地出土
河南博物院藏

青铜车軎、车辖

西周
軎：长15.7厘米；辖：长12.4厘米
三门峡虢国贵族墓地出土
河南博物院藏

人形青铜车軎

西周
通高4厘米
三门峡虢国贵族墓地出土
河南博物院藏

平顶山应国贵族墓地

《水经注·滍水》载："汲郡古文，殷时已有应国。"商代已有应国，西周初期成王改封其弟于应，至公元前7世纪初被楚所灭，立国约350年。

应国国都地望在今河南平顶山滍阳镇一带，平顶山应国贵族墓地揭示了这一湮灭已久的中原古国的文化面貌。所出器物不仅工艺精湛，而且青铜器铭文内容对于考证应侯世系、应国职官、礼仪制度及应与周边诸侯国的关系均具有重要史料价值。

平顶山应国墓地，位于河南省平顶山市新华地区薛庄乡北滍村滍阳岭上。1979年，北滍村砖厂在取土时挖出一铜簋，卖给废品收购站。几经周折，被平顶山市文物管理委员会收回。根据铜簋上的铭文，得知是邓国国君之女适嫁应国的陪嫁礼器。

邓公簋发现后，从1986至1997年，开展了长达11年的考古发掘。共发掘墓葬310多座，其中应国国君及夫人墓近20座。出土各类文物1万余件，其中带铭文的青铜器有200多件。

应国墓地主要是周代应国贵族的埋葬地，共发掘应国墓葬42座，排列有序，具有"族墓葬"的特征。出土文物主要是青铜器和玉器。所出铜器铭文涉及大射礼、俯聘礼、帝王庙号、丧服制度，对古代礼仪制度与诸侯方国史研究有重要价值。排列有序的国君墓葬，为同时期墓葬断代研究提供了珍贵资料。

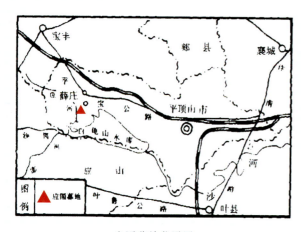

应国墓地位置图

平顶山应国墓地发掘现场

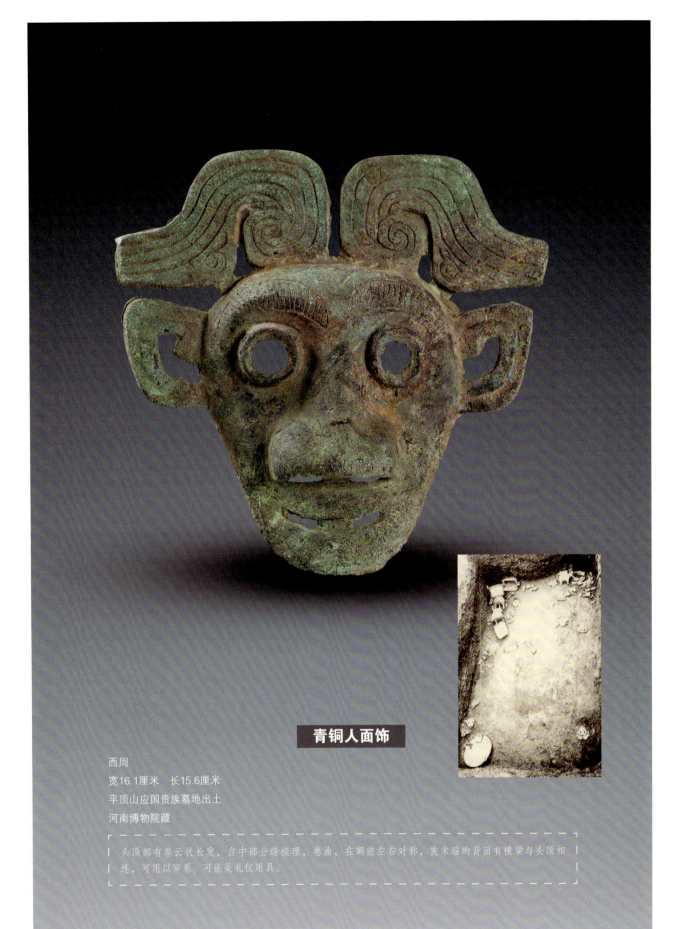

青铜人面饰

西周
宽16.1厘米 长15.6厘米
平顶山应国贵族墓地出土
河南博物院藏

头顶部有卷云状长发，自中部分缝梳理，卷曲，在额前左右对称。发末端的背面有横梁与头顶相连，可用以穿系。可能是礼仪用具。

邓公簋

西周

高约21.5厘米　口径约20厘米

平顶山应国贵族墓地出土

河南博物院藏

器盖顶隆起，敛口鼓腹，饰夔龙纹，有喇叭形握手，盖缘与口缘均饰有目窃曲纹，盖面与器腹饰瓦棱纹。鼓腹下垂，双龙首耳各衔一圆环。圈足饰斜角云纹，足下有3个小扁足，支足根部饰兽面纹。器外底部有方格形铸痕。簋盖与器内底部均有3行12字铭文。此簋为邓公为其女儿嫚妣嫁往应国时所作的陪嫁礼器。

邓公簋铭文

登（邓）公（乍）作应嫚毗媵簋其永宝用

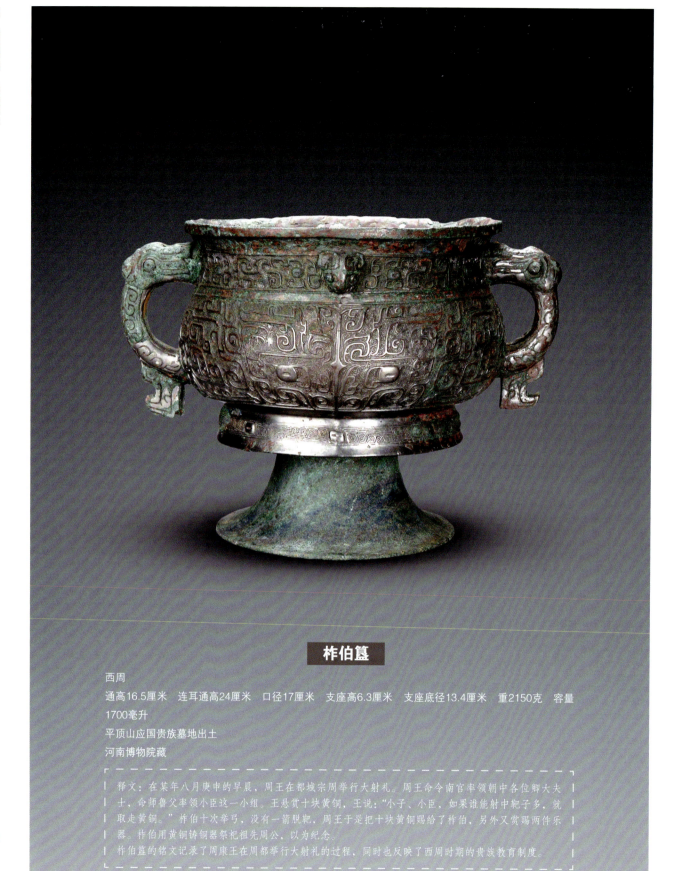

柞伯簋

西周

通高16.5厘米　连耳通高24厘米　口径17厘米　支座高6.3厘米　支座底径13.4厘米　重2150克　容量
1700毫升

平顶山应国贵族墓地出土

河南博物院藏

释文：在某年八月庚申的早晨，周王在都城宗周举行大射礼。周王命令南宫率领朝中各位卿大夫
士，命师鲁父率领小臣这一小组。王悬赏十块黄铜，王说："小子、小臣，如果谁能射中靶子多，就
取走黄铜。"柞伯十次举弓，没有一箭脱靶。周王于是把十块黄铜赐给了柞伯，另外又赏赐两件乐
器。柞伯用黄铜铸铜器祭祀祖先周公，以为纪念。

柞伯簋的铭文记录了周康王在周都举行大射礼的过程，同时也反映了西周时期的贵族教育制度。

柞伯簋铭文

惟八月晨在庚申，王大射在周。王命南宫率王多士，师口父率小臣。王迟赤金十钣。王曰："小子、小臣，敬友。又获则取。"柞伯十称弓无废矢。王则畀柞伯赤金十钣，诞赐枳柬（从申）。柞伯用作周公宝尊彝。

东周（公元前770年—前256年）

王纲解纽，列国群雄并起。

元典创制，诸子百家争鸣。

鹤舞九皋，郑卫占先声。

华夷交融，汉淮拥群英。

诡异浪漫，荆楚问周鼎。

刻镂华章，韩魏主夏盟。

哲思成大道，风云聚天中，

八方共逐鹿，华夏成一统，

——文明斯盛！

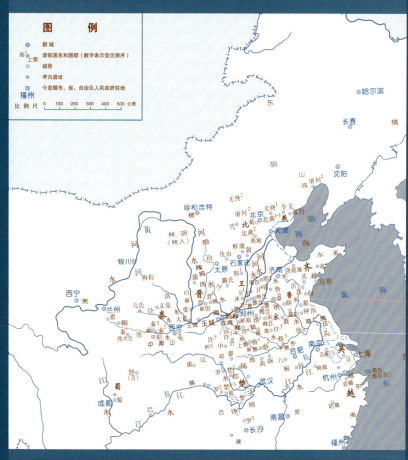

春秋时期中原列国形势图

西周末年，王室的族邦联合体开始瓦解。天下共主的观念受到挑战。王纲解纽，礼崩乐坏，苟居成周的周天子权势不如一大国诸侯。中原的郑、卫二国，地处列国间频繁的交往、会盟、征战、婚媾、商贸等之中心，经济文化先进，民人富足多识，春秋一世，郑卫文化在礼乐上挑战传统，开辟了列国文化的崭新面貌。

郑公大墓

　　河南新郑李家楼的郑公大墓发现于1923年,墓中出土以青铜器为主的百余件文物。这批春秋中期具有代表性的青铜器群,承西周凝重敦厚之绪,启春秋战国清丽开放之先。大墓所出文物在海峡两岸博物馆内保存。

　　墓内出土青铜器102件,部分礼乐器尤其引人注目,其器形之大,铸造之精,为春秋墓所罕见。这批文物最引人注目的是大牢七鼎、陪鼎五件,鬲鼎两套各三件,铜簋一组八件,鬲一组九件,莲鹤方壶两件,龙耳虎足方壶两件,圆壶两件,镈钟四件,甬钟十九件,还有方甗、铜簠、铜敦、王子婴次炉、镇墓兽等,被称为"新郑彝器"。

1923年郑公大墓发掘现场

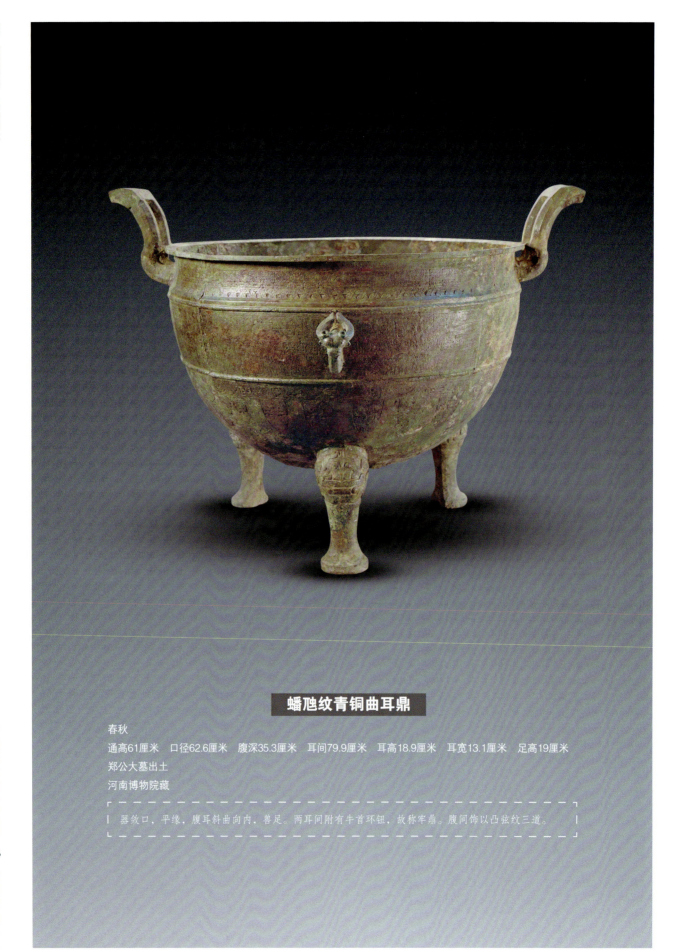

蟠虺纹青铜曲耳鼎

春秋
通高61厘米　口径62.6厘米　腹深35.3厘米　耳间79.9厘米　耳高18.9厘米　耳宽13.1厘米　足高19厘米
郑公大墓出土
河南博物院藏

器敛口，平缘，腹耳斜曲向内，兽足。两耳间附有牛首环钮，故称牢鼎。腹间饰以凸弦纹三道。

兽耳熊足青铜舟

春秋

通高13.5厘米　口径22.7×15.8厘米　足高3.5厘米　盖高5厘米

郑公大墓出土

河南博物院藏

器呈椭圆形，敛口，上承器盖，盖顶捉手以镂空工艺铸成。器之长边两侧各附一兽首耳，底有四只形态憨厚的小熊承器。

郑韩故城

　　春秋战国时代郑国与韩国的国都遗址，位于新郑市城关附近双洎河与黄水河的交汇处。公元前770年，周平王将国都东迁至洛阳，史称"东周"。郑国追随周朝，从陕西华县迁到洛阳以东，灭虢国、郐国。公元前769年在此建都。为了区别在陕西的旧郑国，取名"新郑"。公元前375年，韩灭郑。春秋战国时期，郑韩两国先后在此建都达539年之久，因此称郑韩故城。

　　郑韩故城，周长约45华里。目前发现城门遗址4处，城内有一南北走向的隔城墙，把故城分为东西两城。西城为宫城和贵族居住区，分布有韩国宫城、宫殿区、缫丝作坊遗址。东城为手工业区和平民居住区，分布有郑国宫庙遗址、祭祀遗址、铸铜遗址和韩国铸铁、制骨、制玉、制陶等多处遗址。故城内外有郑韩两国贵族墓地多处，其中有大型韩王陵墓群12处。郑韩故城的城垣均是用土夯筑而成，城墙平均高约10米，最高可达16米。城墙基宽40—60米，顶宽2.5米。2100多年过去，郑韩故城至今仍城垣逶迤，巍巍壮观，是世界上同期保存最完整的古城垣之一。

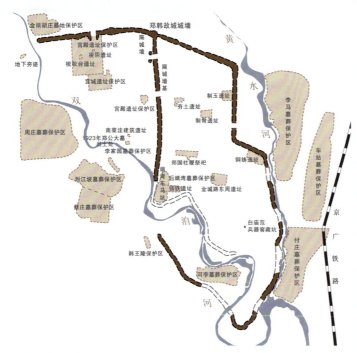

新郑郑韩故城遗址分布图

郑韩故城城墙

变形蟠龙纹青铜豆

春秋
口径23.3厘米　底径15.4厘米　高19.2厘米　重2850克
郑韩故城出土
河南博物院藏

圆盘，方唇，平沿，直壁，平底，柄为粗把，喇叭座。盘外壁饰横S形双首爬龙纹，柄上部锈蚀严
重，纹饰不清。中间装饰以变形爬龙纹为单元的波带纹，下部装饰以双首爬龙纹组成的波带纹，有
锈孔。盘、柄分铸，盘下端铸有三角形突起焊榫，盘柄焊接痕迹明显。柄中间有3个芯撑孔，柄内夹
有大量范土，以致柄上锈孔不透。

九鼎八簋九鬲

春秋

鼎：高44.5—55.3厘米　口径45.8—52.8厘米

簋：高21.5—23.6厘米　口径19—21.5厘米

鬲：高11—12厘米　口径17.2—17.8厘米

郑韩故城出土

河南博物院藏

鼎9件，形制相同，大小错逊，为列鼎。口沿上两立耳外撇，方唇，平沿，垂腹，圜底近平，兽蹄形足，腹中部六道扉棱将腹部花纹分成六等份。扉棱近长方形，中间略凹。足高与腹深基本相同。腹中央饰一道凸起的绳索纹，上下各饰一周蟠虺纹。耳外侧饰粗壮的变形虺龙纹。鼎腿上部饰形似浮雕的兽面纹。耳、足内包有范土，为另铸部件。多数鼎腹下部合范痕十分清晰，个别范缝毛茬被磨光，有2件底部有烟熏痕。

簋8件，形制相同，大小相近，均圆形带盖。盖上有喇叭形握手，溜肩，内敛口。器身子口内纹，圈形底座，三扁形足，腹两侧各有一龙首形半环耳。耳为另铸件，龙首上端铸有三道突棱。簋体以阴线蟠虺纹为主。盖上部饰2至3周瓦棱纹。簋底座外侧饰变形蝉纹。足为上窄下宽的梯形。耳内包范土。

鬲9件，形制相同，大小接近。方唇，平沿，束颈，微鼓腹，平裆，兽蹄形足。腹饰三组变形龙纹，以三个扉棱间隔。腹底多有明显的三角形合范痕，扉棱上方至口沿下也有明显的合范痕。足内包有范土。

蟠龙纹青铜方壶

春秋

通高64.4厘米　口长22.8厘米　口宽17.9厘米　壁厚0.2厘米　重13000克

通高64.7厘米　口长22.8厘米　口宽17.9厘米　壁厚0.2厘米　重14900克

郑韩故城出土

河南博物院藏

方壶2件，形制相同，大小相近。盖为长方形杯状，盖腰内束，直壁，子口外敞，长束颈，溜鼓腹，长方形圈足。颈两侧各有1套挂圆环的龙首形半环耳。壶耳内包有范土，与环共为另铸部件，耳与壶体焊接痕明显。颈与腹内壁合范缝明显，腹内壁随腹纹的凸凹而起伏。圈足上有8个芯撑孔。圈足底与腹内壁上多残留有范土。盖顶饰蟠虺纹，虺体上刻阴线云纹。盖冠束腰处饰变形蟠纹，盖壁饰横S形筒体虺龙纹，无首独目。颈上部饰一周绳索纹。中间饰一周似浅浮雕状的波带纹，下端饰一周凸弦纹。颈、腹交接处有一周素面略宽的间隔带。腹上端饰一周凸弦纹，余饰似高浮雕状的单首双体龙纹，正面龙纹身与侧面龙纹身相连，正面龙纹有双角、圆耳、大眼、宽鼻，侧面龙有首无角。龙足多呈变形夔龙纹，龙首大眼巨口。壶耳上的圆环，外侧环面上饰麦穗纹并间以圆圈纹。

辉县琉璃阁贵族墓地与卫国

周武王少子康叔封于卫，居河淇间故殷墟，其桑间濮上，物产丰美，英俊辈出。辉县，商时为畿内地，西周为共国，春秋属卫，战国属魏。辉县县城在京汉铁路汲县车站西50公里，与新乡、汲县三角鼎立。春秋以来，卫国内外交困，国势日衰。在齐、晋与戎狄势力的交互胁迫下，国都一再迁徙。浚县辛村卫国墓地、辉县琉璃阁墓地作为卫国的公室墓地，出土器物品类丰富，传统与创新并存，反映了中原古国的历史与文化进程。

琉璃阁甲、乙二墓为夫妻异穴祔葬墓，均为坐东朝西的长方形竖穴墓。甲墓东西长约11米、南北宽10.3米、深约11米。乙墓长约9.1米、宽约7.6米、深11米余。甲墓出土的青铜礼乐器品类齐全，计有：蟠虺纹环形提手盖鼎一套9件、蟠虺纹附耳升鼎一套5件、镬鼎1件、蟠螭纹方座簋一套6件、漆蟠螭纹盖豆一套8件、甒1件、蟠虺纹簠4件、敦2件、素面扉棱鬲5件、罍2件、蟠龙纹方壶2件、匏形壶1件、盘1件、鉴1件、舟1件、炭箕1件、方炉1件等。青铜乐器计有四套为特镈4件、甬钟8件、镈钟9件、钮钟9件，另有石磬10件。兵器有戈10件、矛5件、戟1件、斧6件、矛形器3件。车器有三式8对、马衔46件、銮铃5件。

乙墓出土的有青铜礼器有列鼎2套、簋4件、素面鬲5件、甒1件、簠4件、豆1件、方壶1件、盘1件、鉴1件、舟1件等。专家认定为女性墓主。

甲墓与乙墓并列，而墓制与出土器物有着明显的等级差别。在此两墓附近，当时已经探明有一大型车马坑，这是两周时期贵族大墓随葬之常例。

辉县琉璃阁墓地，是卫国迁都于楚丘后开辟的。这里没有发现证明属于卫国的文字材料，但根据历史地理和墓葬规模，肯定是卫国贵族的墓地。公元前660年，狄灭卫。《左传·闵公二年》云："卫之男女七百有三十人，益之以共、滕之民五千人，立戴公以庐于曹"。杜预注曰："共及滕，卫别邑。"清高士奇《春秋地名考》卷七《卫》"共"条云："盖其地逼近卫都，故先为国而后并于卫也。"至少在卫迁楚丘的中前期，辉县属卫，处于卫之西鄙，贵族死后归葬邦国公墓，所属的年代都相对稳定。

按照周礼的规制，"礼祭天子九鼎，诸侯七，卿大夫五，元士三也"。具备列鼎7、陪鼎9、镬鼎1的鼎数的辉县琉璃阁甲墓墓主，其丧葬礼制同于诸侯王一级，具体器类也呈现出春秋中期偏晚的器物配置特征，因此可以断定为春秋贵族墓。甚至有学者明确指出为卫文公墓。

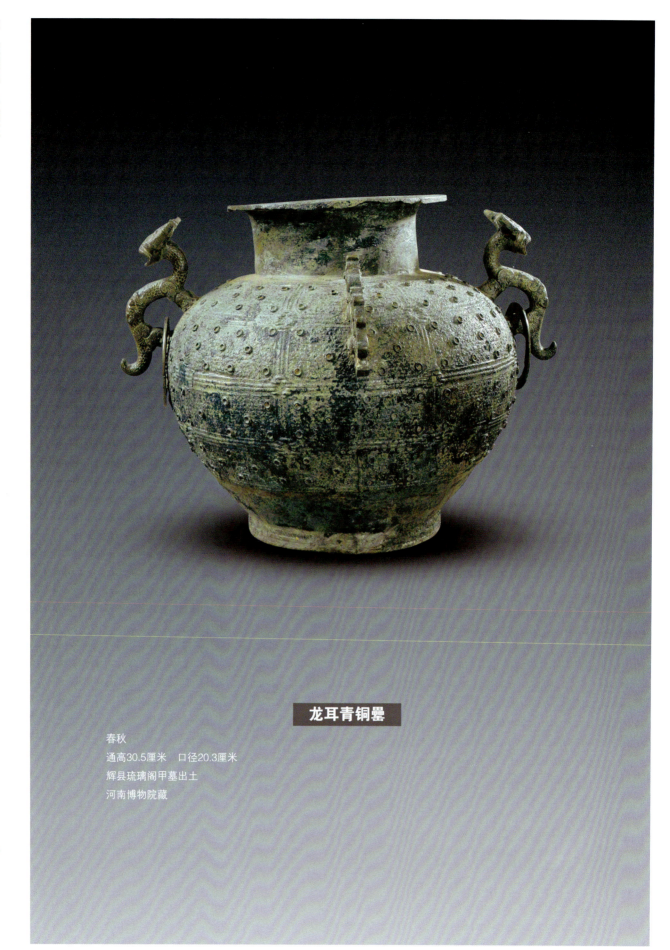

龙耳青铜罍

春秋
通高30.5厘米　口径20.3厘米
辉县琉璃阁甲墓出土
河南博物院藏

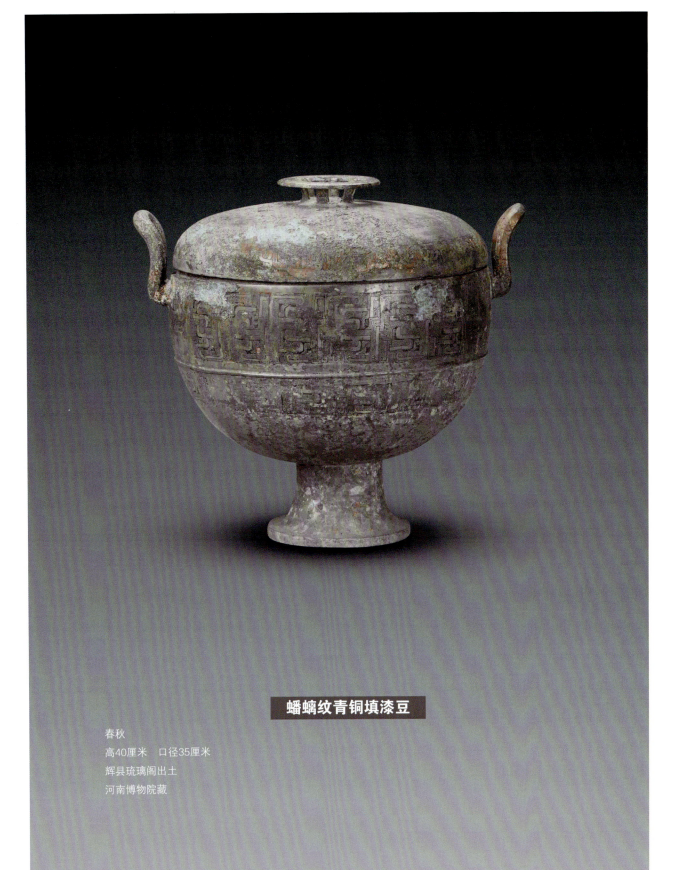

蟠螭纹青铜填漆豆

春秋
高40厘米　口径35厘米
辉县琉璃阁出土
河南博物院藏

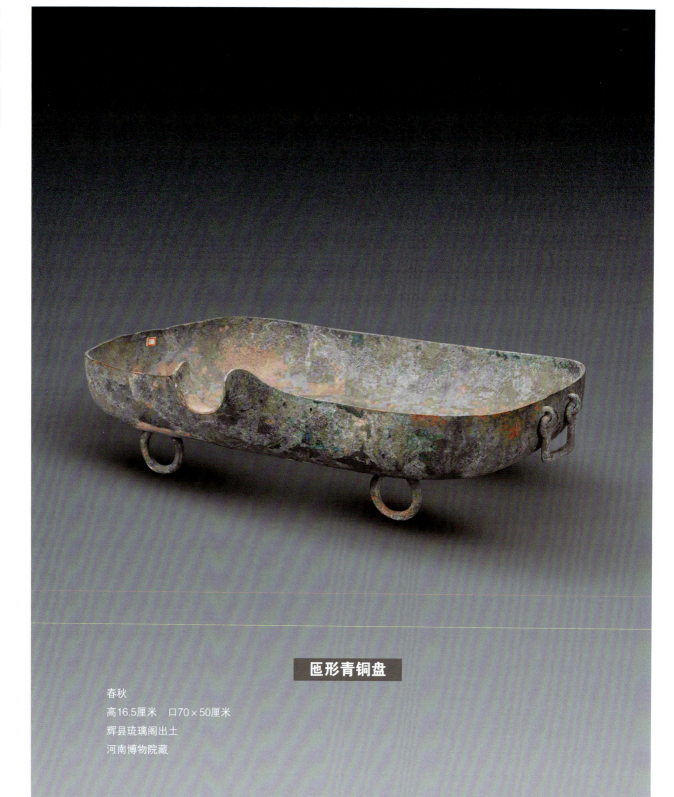

匜形青铜盘

春秋
高16.5厘米　口70×50厘米
辉县琉璃阁出土
河南博物院藏

淅川楚墓与中原文化

淅川下寺春秋楚墓群

　　淅川下寺楚墓群，是春秋中晚期的楚国贵族墓群，位于河南省淅川县东沟村，主要分布在龙山山脊上。墓地地势西北高，东南低，总体布局坐东朝西，北依山丘，余处皆环水。

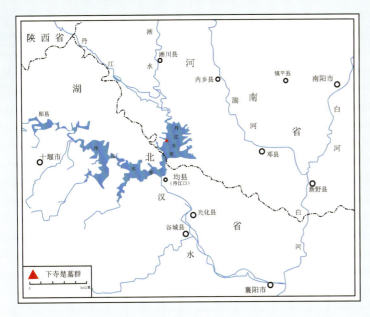

下寺楚墓群位置图

　　1977年到1978年，考古人员共发掘了墓葬24座，包括贵族墓9座。其中，2号墓当为令尹子庚之墓。令尹王子午，字子庚，楚庄王之子，卒于公元前552年。其墓出土的升鼎铭文"王子午择其吉金"和"令尹子庚，殹民之所亟"也印证了墓主身份。

淅川下寺2号墓升鼎腹部铭文
（左前三列为"惟正月初吉丁亥，王子午择其吉金，自作鼎"，后三列为"令尹子庚，殹民所亟，万年无期，子孙是制"。）

下寺1号墓

1号墓出土随葬器物449件，包括青铜器50余件，无兵器和车马器，玉器饰品较多。其中，有铭铜器20件。属倗器6件（鼎、尊缶、簠各2件），孟腾姬浴缶2件，口叔口鬲1件，被刮掉铭文的11件（升鼎2件、钮钟9件）。"倗"就是王子午，为2号墓的墓主。口叔口为春秋早期的江国器，江国在今河南息县西南，公元前626年被楚灭。江口并不是墓主，孟腾姬可能是墓的主人。腾通滕，即滕国，滕为姬姓国，地望在今山东滕县，浴缶铭文自称滕姬，与滕国正相符合。从随葬器物看，墓主当为女性，这也和孟腾姬相合。

楚文化与中原文化的关系

淅川下寺楚墓的年代，可分为春秋中期后段、春秋晚期前段和春秋晚期后段。从墓葬形制和青铜器特点看，春秋中期后段，楚文化的特点已开始显露，如深腹平盖鼎、短流且流有盖的匜、带盖浴缶等，都是中原同类器所不见的。而铜簠、盘和中原地区的同类型器物则一致。可以认为，从春秋中期起，楚文化开始形成。

楚民族有着悠久的历史，其文化也具有浓厚的地方色彩。楚人的先祖可追溯到传说中的黄帝时期。《史记·楚世家》载："楚之先祖出自帝颛顼高阳。高阳者，黄帝之孙昌意之子也"。殷末周初，楚人归附于周，鬻熊之子入周事文王。周成王时，封熊绎于楚蛮，正式承认周与楚的宗主关系。春秋初年，熊通为楚君，自立为武王，占领了汉水以西地区，成为南方大国。

以下寺楚墓为代表的楚文化与中原文化有着密切关系。就葬制而言，下寺墓葬多为夫妇合葬墓，椁室内有殉人，与中原相似。楚国的车马坑内车横列放置、车辕前分置马，车马上的金属构件多置于主墓之中等埋葬方式，也承袭西周旧制。随葬的器物，以青铜器为主，并装饰有蟠螭、蟠虺纹，与中原青铜器相类。楚文化的渊源是中原文化，在发展过程中受到中原文化的影响。

兽面纹鬲

春秋
通高10.2厘米　口径14.7厘米
淅川县下寺1号墓出土
河南博物院藏

垂鳞纹青铜升鼎

春秋
高62.3厘米 腹径65厘米 重76000克
淅川县下寺1号墓出土
河南博物院藏

敞口，方唇外折，无盖，双耳外撇，束腰，有腰箍一周，平底，蹄足。双耳外部及左右两侧铸蟠螭纹，耳顶浮雕兽面纹。口沿外饰蟠螭纹，沿下饰一周蟠虺纹带，腹上饰重环纹。腰部和口沿附六个兽首。蹄足上部浮雕兽首，两眼之间以扉棱作鼻。

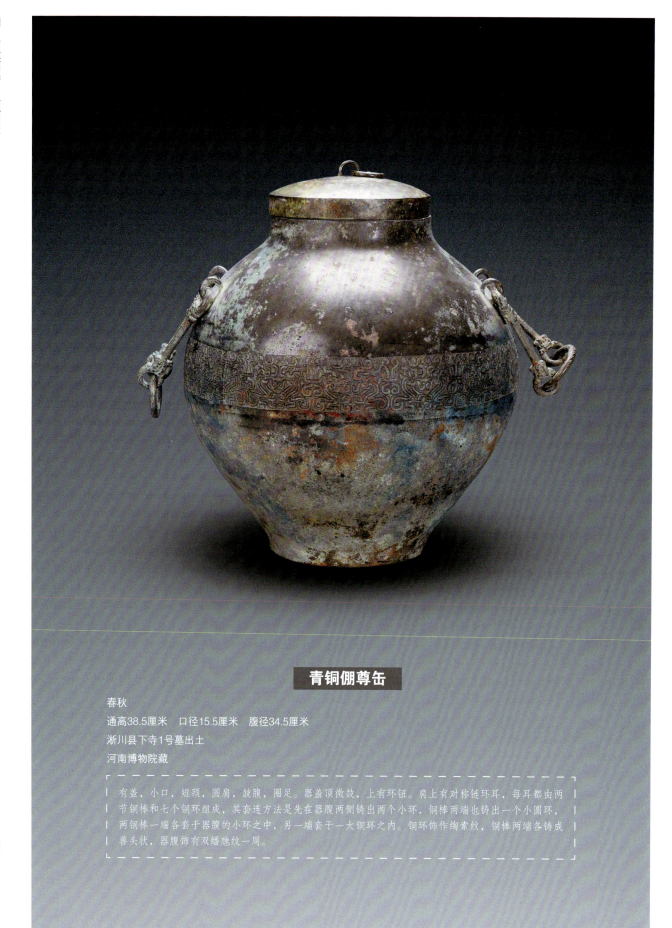

青铜倗尊缶

春秋

通高38.5厘米 口径15.5厘米 腹径34.5厘米

淅川县下寺1号墓出土

河南博物院藏

有盖，小口，短颈，圆肩，鼓腹，圈足。器盖顶微鼓，上有环钮。肩上有对称链环耳，每耳都由两节铜棒和七个铜环组成，其套连方法是先在器腹两侧铸出两个小环，铜棒两端也铸出一个小圆环，两铜棒一端各套于器腹的小环之中，另一端套于一大铜环之内。铜环饰作绹索纹，铜棒两端各铸成兽头状，器腹饰有双蟠螭纹一周。

龙首青铜提梁盉

春秋
高26厘米　口径11.1厘米　腹径22厘米　足高7.8厘米　重4500克
淅川县下寺1号墓出土
河南博物院藏

有盖，小口，直领，圆腹，圆底，腹上有提梁。盉前有管状流，后有龙形尾，三蹄足。提梁作拱形，两端皆铸成龙首状，提梁后部有提链与盖相连。盖顶平，正中有竖环钮。流呈怪兽状。腹一侧有竖环钮一个。三蹄足上部铸作兽首之状。器身布满蟠螭纹及绹索纹。

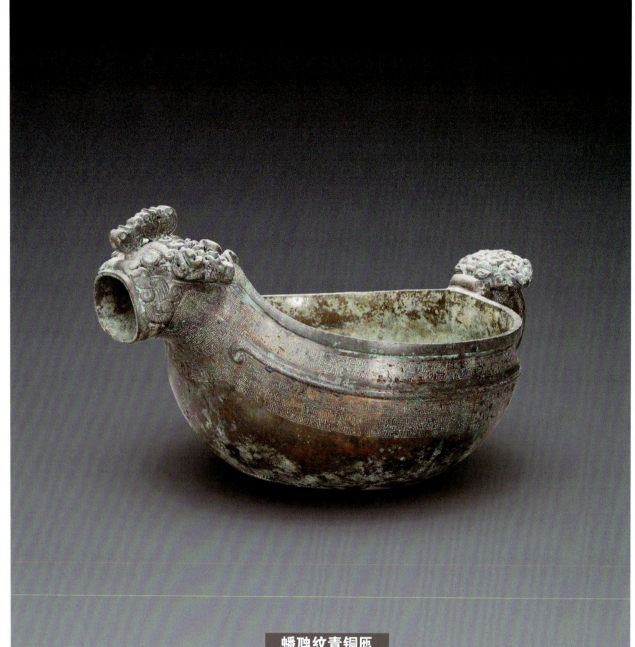

蟠虺纹青铜匜

春秋

通高14.2厘米　通长27厘米　口径20厘米　重875克

淅川县下寺1号墓出土

河南博物院藏

敞口，束颈，腹外鼓，向下内收，平底，前有流，后有鋬。口沿下颈及腹部各有蟠虺纹带两周，在颈腹之间以绹索纹介之。流口上翘有盖，盖呈兽头状，棱形兽鼻，以浮雕的蟠虺纹饰成兽角。匜尾上翘附鋬，鋬亦呈怪兽形，怪兽口附器沿，躬身卷尾。

蟠虺纹青铜簠

春秋
通高21.5厘米　口长31.6厘米
淅川县下寺出土
河南博物院藏

蟠夔纹青铜鬲

春秋

通高28厘米　口径27.4厘米　腹径28.4厘米　足高10厘米　重5900克

淅川县下寺1号墓出土

河南博物院藏

分裆卷沿鬲。窄口沿，腹略鼓，弧裆，柱状实足。颈下饰蟠虺纹一周。

云雷纹青铜环耳盘

春秋

口径39厘米　高9.2厘米　足高4厘米　重4000克

淅川下寺1号墓

河南博物院藏

方唇，窄折沿，腹微鼓，底微圆，腹上有四个对称的环耳，三矮蹄足。器腹饰蟠虺纹、绹索纹、锯齿纹各一周。环耳上饰斝纹和绹索纹。矮足作兽首状。

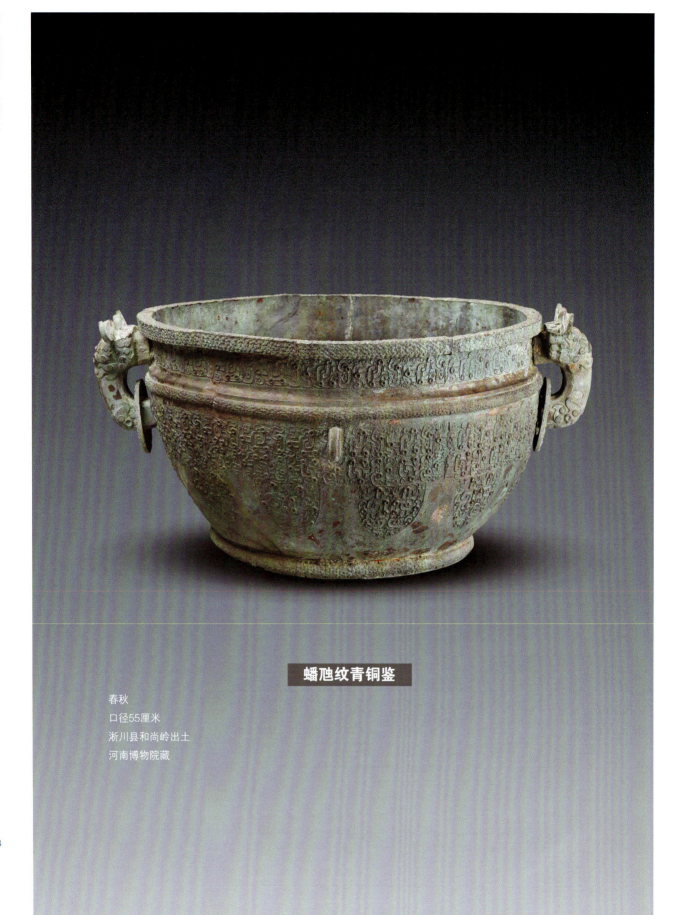

蟠虺纹青铜鉴

春秋
口径55厘米
淅川县和尚岭出土
河南博物院藏

龙纹青铜器座

春秋
通高22厘米　底座边长19厘米
淅川县和尚岭出土
河南博物院藏

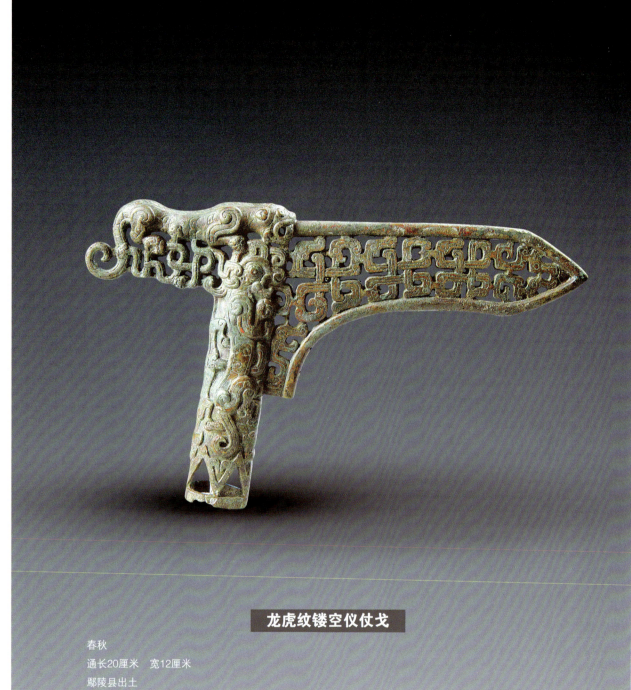

龙虎纹镂空仪仗戈

春秋
通长20厘米　宽12厘米
鄢陵县出土
河南博物院藏

黄君孟夫妇墓与黄国

　　黄君孟夫妇墓，位于河南省信阳市光山县宝相寺，是春秋时代黄国国君孟和夫人孟姬的合葬墓。

　　墓葬为单棺双椁土坑竖穴墓，夫妇各有一套棺椁，并列铺放。黄君孟棺椁内出土鼎、豆、壳、鑪、盘、匜、戈、镞等铜器14件。铭文为"黄君孟自作行器，子子孙孙则永宝宝"。黄夫人孟姬棺椁完整，彩绘棺板色彩鲜艳，尸骨完好。出土鼎、豆、壶、鑪、罐、鬲、盂、盘、匜、方座、刀、刮削器、盒等铜器22件。铭文中有"黄子乍（作）黄甫（夫）人孟姬行器"等字，根据铭文和器物特征，可以断定该墓的墓主是黄国国君孟和夫人孟姬。"楚人灭黄"在僖公十二年（公元前648年），而这批铜器的特征是春秋早期偏晚，黄君孟夫妇合葬墓的年代下限离公元前648年不远。

　　鬲形盂、瓤形盂、铜方座、折肩铜罐、冲压纹铜盒等，是带有地方特征的罕见器物。在青铜器和玉器纹饰上，已经出现了春秋中叶至战国盛行的几何形细密蟠虺纹。黄君孟夫妇墓的铜器铭文，特别是黄夫人孟姬墓的铜器铭文，出现很多错字、别字、漏字，显得草率，具有春秋早期的特点。铸铭处由腹内壁发展到外壁，是春秋早期有铭铜器中少见的现象。黄君孟夫妇墓出土的这批铜器，全部是紫铜色，与过去发现的青绿色铜器截然不同，且器壁较薄，轻巧美观。可以说，春秋中叶以后铜器铸造的实用作风，已经在黄君孟夫妇墓中有所表现。

　　黄君孟夫妇合葬墓的年代明确，出土的彩绘棺、黄夫人发型、玉雕人头、人首蛇身玉饰、竹排箫、麻鞋、竹弓等都是考古史上重要发现，为研究墓葬棺制、夫妻合葬墓、女子发型服饰、神话传说、古人体型、古代乐器和竹木丝织品，提供了可靠的实物资料。

　　黄国是周代嬴姓诸侯国，公元前648年为楚所灭。都城在潢川隆古，国君墓地在其西南的光山宝相寺，表明春秋早期黄国的疆域已发展到光山县。

黄夫人孟姬墓彩绘漆棺

G2南侧陪葬箱出土铜器情况

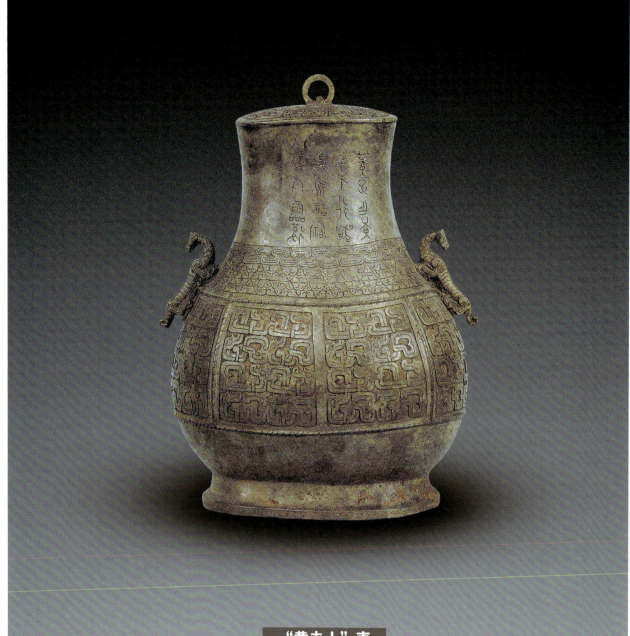

"黄夫人"壶

春秋

通高30.7厘米　口径10.3-12厘米　腹径17-22.5厘米　底径13.5-18厘米

信阳黄夫人墓出土

河南博物院藏

体呈椭圆形，长颈鼓腹，矮圈足，两耳作虎形。盖顶有一圆钮。盖面饰窃曲纹，腹部纹饰分三组，最上面是对环纹，中间是三角纹，下面是蟠虺纹，四周围以绚索纹。颈部有铭文，四行十六字"黄子作黄甫（夫）人行器则永宝宝需冬（终）需後"。

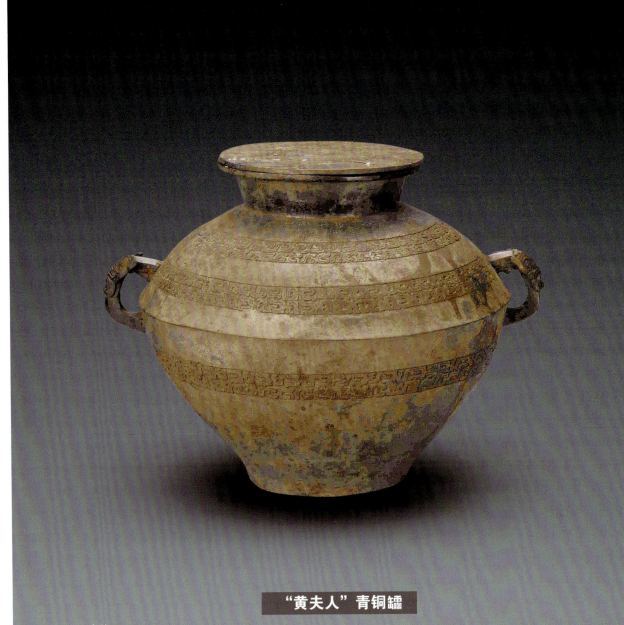

"黄夫人"青铜罍

春秋
高26.7厘米　口径17厘米
信阳黄夫人墓出土
河南博物院藏

直口微侈，宽沿，束颈折肩，斜腹凹底。兽面桥形耳，平盖。盖面饰简化窃曲纹，上腹饰两组蟠
螭纹，下腹饰一组蟠螭纹。颈下肩部有铭文，两行十五字。"黄子作黄甫（夫）人孟姬行器则永
宝宝霝"。

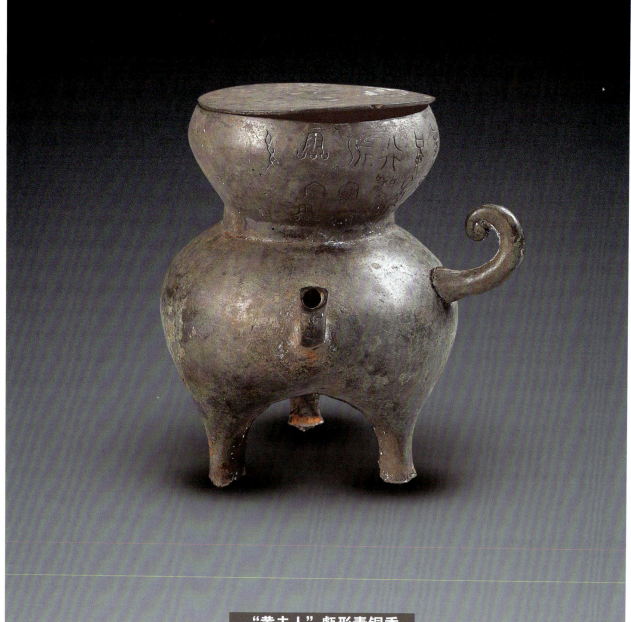

"黄夫人"瓿形青铜盉

春秋

通高18.5厘米　口径11.2厘米

信阳黄夫人墓出土

河南博物院藏

敛口尖唇，平盖。器内有一圆形木算，无孔。卷尾鋬，兽头流。口沿下有铭文，六行十六字"黄子作黄甫（夫）人行器则永宝宝霝冬（终）霝後"。

"黄君孟"青铜豆

春秋
高24.8厘米　口径24.2厘米
信阳黄君孟墓出土
河南博物院藏

敛口宽沿，束颈折肩，斜腹平底，高圈足饰镂空三角形。口沿与折肩之间有一周铭文，一行十五字"黄君孟自作行器子子孙孙则永宝宝"。

固始侯古堆吴王夫人墓

固始侯古堆吴王夫人墓，位于河南省信阳市固始县侯古堆，是春秋时代宋景公之妹季子的墓葬。

墓葬为甲子形竖穴墓，双椁单棺，另有殉葬棺17具。主墓北侧13米处，附有陪葬坑。墓中出土了大批青铜礼器、生活用具和彩绘漆木器。其中，青铜器40余件，包括鼎、盂、簠、罍、方豆、壶、舟、炉、三足带盖壶、匜、盒、编钟等。漆木器包括肩舆、木瑟、漆木镇墓兽、盘龙、彩绘木俎、豆等。

墓中随葬有九鼎及一套编镈和一套编钟、六件木瑟、三乘肩舆，表明春秋战国时代王室衰微，礼崩乐坏，僭越天子之礼已较普遍，纵非诸侯，也可使用九鼎。

通过出土铜簠的铭文："有殷天乙唐（汤）孙宋公纞作其妹钩敔夫人季子媵固"，可以确认墓主的身份为宋景公之妹季子。而这件簠应是陪嫁之物。"勾敔"即"勾吴"。将胞妹嫁与邻国作夫人，也是当时国家间结盟的普遍做法。《吴越春秋·阖闾内传》载："十年……立夫差为太子，使太子屯兵守楚留止，自治宫室，立射台于安里，华池在平昌，南城宫在长乐。"夫差被立为太子后，屯兵守楚，自建宫室。吴国的强盛，或许促使宋景公有意与夫差联姻。这位红颜薄命的吴夫人，被葬在了靠近宋国的楚国地区，并以吴国之礼下葬。

1号墓发掘情况

侯古堆一号墓陪葬坑器物分布图

错红铜龙纹方豆

春秋
通高29.3厘米　口径17.3厘米　底径13.5厘米
固始侯古堆吴王夫人墓出土
河南博物院藏

> 豆盘作方斗形，腹壁斜收，平底下有八棱形高柄，再下有覆盆式的圈足底座。盖作覆斗形，盖顶四
> 角均有环形钮。器身和盖的两侧有对称环耳。耳、钮焊接。器身、盖顶及圈足用红铜镶嵌成对称之
> 龙兽图案。豆盘中心和盖内有铭文"似之臥口"。

龙纹三足带盖青铜壶

春秋
通高18.5厘米　口径7.5厘米
固始侯古堆吴王夫人墓出土
河南博物院藏

小口直领，平肩鼓腹，下有三足。器腹除肩部刻有带状回纹外，余皆为对称的斗虎纹。器盖周边也有带状回纹环绕。盖顶中央有一环，其外有圆涡纹，肩部有对称的双耳。

乳钉纹青铜圆盒

春秋

通高7.5厘米　口径5厘米　底径6.7厘米

固始侯古堆吴王夫人墓出土

河南博物院藏

小口圆肩，鼓腹，圈足。有盖。肩有对称耳。盖顶中央有小握手，器腹和盖面装饰有细小乳钉纹。盒内盛有大半盒花椒。

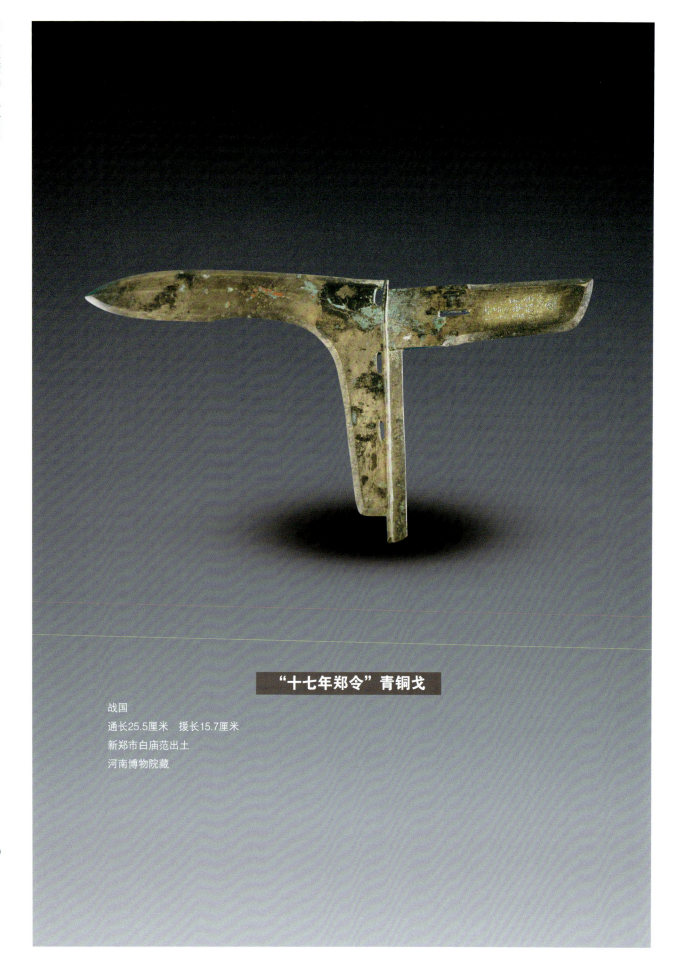

"十七年郑令"青铜戈

战国
通长25.5厘米　援长15.7厘米
新郑市白庙范出土
河南博物院藏

鸟兽纹贯耳铜壶

战国
通高34.2厘米　口径8.9厘米
汲县山彪镇发掘出土
河南博物院藏

壶呈椭方形，盖微微隆起，盖中间有钮，壶身的扣合处有子口。铜壶束颈鼓腹，壶底略向内凹，壶腹两侧各装饰有一只兽面纹贯耳。壶盖的四周装饰夔龙纹，四角饰以浮雕蛙纹。铜壶的颈部素面无纹，但其腹部的设计非常复杂。壶颈下装饰了四条纵向和两条横向的绚索纹，均匀地将腹部分成八格，每格内均装饰有夔龙纹。壶腹两侧的贯耳下有浮雕虎纹，二虎之间还有一虎一凤，壶腹前后装饰兽面纹，并铸有浮雕凤鸟纹、虎纹、鹿纹等。整件器物的装饰以夔龙纹为主，并借助浮雕装饰工艺，将各种动物的形象塑造得生动有趣。这件铜壶做工细腻，动物姿态优美，充分展现了春秋时期高度发达的青铜铸造工艺，以及古代工匠在青铜器设计和装饰等方面的想象力、创造力。

南北辉映　礼乐至上

器泽陶简　　出自东隅

　　浙江位于东海之滨，山多地少，偏处一隅，是上古时代一个蛮荒落后的地区。当河南出土的青铜器惊艳世人之时，浙江的商周考古尚属一片空白。改革开放以来，浙江考古日新月异，成绩斐然。浙江德清、萧山等地原始瓷窑址的发现，不仅确定了瓷器产生的源头，而且为深入探索商周文明提供了重要物证。

　　这些原始青瓷，既有功能完备的生活用具，又有形神毕肖的礼仪用器。它们在江苏、浙江境内的高等级墓葬中大量出现，在无锡鸿山大墓中更以惊人的数量成套成组随葬。在遥远的北方，也有它们的身影，在河南境内的商代城市遗址和周代贵族墓葬中就有精美的原始瓷出土。它们与显赫一时的青铜器并驾齐驱，难分伯仲。

　　秦汉以降，瓷器技艺日益精进，生机无限，逐渐成为贵贱同珍、举世皆爱的日用器具，而曾经映衬商周文明之光的青铜器却迅速走向式微，仿佛一个王朝的背影，让人远望、追思！

原始瓷的概念

原始瓷是原始瓷器的简称，由于原始瓷多为青瓷，因此有时也称原始青瓷。原始瓷或原始青瓷是处于原始状态的青瓷制品，由瓷土制胎，表面施石灰釉，经过1200摄氏度高温烧成。胎体烧结后呈灰白色或褐色，击之可发出清脆之声。

原始瓷的使用时间

我国古代劳动人民在烧制白陶器和印纹硬陶器的实践中，不断改进原料，提高烧成温度，人为器表施釉，创造出了原始的瓷器。它是由陶器向瓷器过渡阶段的产物，其出现于夏代晚期，成熟于商代早期，发展于西周早期，兴盛于战国早期，衰落于战国中期。

原始瓷的使用地域

原始瓷的分布遍及河南、河北、山东、山西、甘肃等北方地区和浙江、江苏、江西、湖北、湖南、福建、广东等南方地区，主要集中于浙江以及与浙江相邻的江苏南部、安徽东南部、江西东北部、福建西北部等地区，广泛出土于墓葬、遗址中。

原始瓷的器形

原始瓷器形中礼器占相当比例，包括尊、豆、鼎、簋、卣、提梁盉、鉴等，战国时期出现仿青铜器的甬钟、镈钟、錞于、句鑃、钲等乐器，其门类遍及除车马器外的青铜器各个种类，此外也有大量日用器存在。

瓷与陶区别

中国学术界判断瓷的标准，众说纷纭，参考并总结如下：（1）瓷器用瓷土作胎，包括瓷石、高岭土、白坩土、紫金土等；陶器一般用陶土，少数用制瓷原料。（2）瓷器胎体烧结或基本烧结，其温度一般在1200摄氏度以上；陶器一般在1000摄氏度以下。（3）瓷器表面一般施有高温下烧成的玻璃质釉，也有素烧而成的；陶器一般无釉或施有低温釉。（4）瓷器不吸水或吸水性弱，叩之发清脆的金属声；陶器多具吸水性，叩之声音不脆。（5）瓷器胎色一般白或偏白，少量深色；陶器胎色较为丰富，如红、灰、黑等。（6）瓷器的胎质具有透明或半透明性，即薄层透光；陶器一般薄层不透光。

原始瓷豆

商

口径14.5厘米　高9厘米　底径12厘米

德清县博物馆藏

折敛口，折腹弧收，喇叭形圈足。内外施薄釉。口沿下方有四组泥条装饰。

德清独仓山土墩墓

　　独仓山位于德清县的北部中段，洛舍镇砂村村陆庄里自然村的西面约500米处，是一座海拔高度约49.6米的小山，自山顶向北和东南延伸的两条山冈坡势较陡，山脊上有10座土墩分布。从随葬品的组成来看，印纹硬陶和原始瓷器始终是土墩墓随葬品中的重要组成部分，独仓山土墩墓中，印纹硬陶和原始瓷的数量占所有出土物的90％以上，其中原始瓷器的比例更是高达69％。

德清三合塔山墓

　　德清县中部的三合乡朱家村，1987年4月朱家村石料厂取土时发现，系石室土墩墓。整个墓以20余块大石砌筑而成。出土器物共计34件，全为原始瓷，器形有鼎、尊、卣、罐、盂、碗和羊角把杯等，器表多拍以云雷纹、锥刺纹、水波纹和S形纹作装饰，模仿同时期的青铜器纹样。德清是商周时期土墩石室墓的重要分布地区之一，与其周围其他县市和江苏南部等地的同类遗存文化内涵基本一致，是构成吴越文化的重要内容之一。

原始瓷罐

西周

口径22厘米　高30厘米　底径12.4厘米

1999年杭宁高速洛舍独仓山土墩墓发掘出土

德清县博物馆藏

浅盘口，束颈，溜肩，圆鼓腹，小平底。灰白色胎，通体施釉，釉层较厚，釉色深绿，有凝釉、流釉现象。盘口内及肩部饰多道凹弦纹，腹部满饰不同方向的拍印折线纹。

原始瓷豆

西周

口径5-11.1厘米　高3.4-5.4厘米　底径3.3-5.7厘米

1999年杭宁高速洛舍独仓山土墩墓发掘出土

德清县博物馆藏

口沿形态各异，有直口、敛口、敞口，折腹内收，喇叭形圈足分高、矮两式。肩部均刻划多道弦纹。器物内外施釉，釉层均匀、光亮。

原始瓷尊

西周

高12厘米　口径15厘米　底径8.8厘米

1999年杭宁高速洛舍独仓山土墩墓发掘出土

德清县博物馆藏

左：盘口，束颈，鼓腹，圈足，足尖折直。灰黄色胎，通体施酱褐色釉，釉面剥落严重。盘口内及
器腹饰多道凹弦纹。腹部弦纹间环饰篦点纹，上腹部贴饰两段内卷云纹。

右：盘口，束颈，折腹斜收，圈足，足尖折直。胎色灰黄，通体施青黄色釉，釉面剥落严重。盘口
内满饰凹弦纹，上腹部间隔饰两组斜方格纹带和三组双弦纹。

原始瓷双棱尊

西周

口径19厘米　高15厘米　底径16厘米

1989年6月12日三合朱家村塔山墓葬出土

德清县博物馆藏

喇叭形大敞口，粗高颈，扁鼓腹，喇叭形高圈足。胎色灰白，通体施青褐色釉，釉层较厚且均匀，肩颈间及腹部满饰水波纹。

原始瓷与越文化

越文化系指东周时期越国创造的具有自身文化特征的考古学文化，是"族"文化的概念。主要分布于长江下游的浙江地区。器物以撇足鼎、扁体簋以及印纹硬陶、原始瓷为典型特征。墓葬以土墩墓和石室土墩墓为特色。受中原礼乐文化的影响，也以礼器和乐器作为身份、地位的象征。越文化在原始瓷上表现为瓷质的礼乐器极多，乐器中除了中原文化常见的甬钟、钮钟、镈钟、编磬外，还流行句鑃、錞于。典型遗存有浙江绍兴印山越王墓、无锡鸿山越国贵族墓等。

原始瓷中少见酒器

"国之大事，在祀与戎"，古代酋邦的一切皆受宗教支配，"祀"是宗教，戎亦受宗教管理。这就使得宗教集团对酋邦内部拥有实际控制权。酒具及其所代表的仪式，是社会权力的一种物化形态。酒，一方面供祖先享用，另一方面供巫师饮用，贵族对酒、酒器生产和使用的控制，也是其对国家、政治控制的反映。与中原地区统治者对神权的延续控制，对巫觋制度的掌控，以及上层社会重酒的风气不同，东部地区的文化导致夏、商时期原始瓷产品中少有酒器。钱山漾文化时期（距今约4700年）环太湖地区没有一个贵族集团有能力组织建设类似良渚时期的大型祭祀建筑，对酒的使用也就不再界限分明。

仿礼制系统的原始瓷

战国时期原始瓷仿青铜礼乐器的数量和品种均达到了前所未有的程度，可分为越系统和仿中原系统，而仿中原系统因素中又存在不合周代礼制的成分，也包含了楚、徐文化的影响。同时，还应包含吴文化的影响。原始瓷礼乐器中属于越系统的只是少数，如盆形鼎、瓿形鼎、长颈镂空瓶、句鑃、錞于、铎、钲、镇等，而绝大多数属于仿中原系统，当然装饰纹样则普遍具有明显的越系统风格。

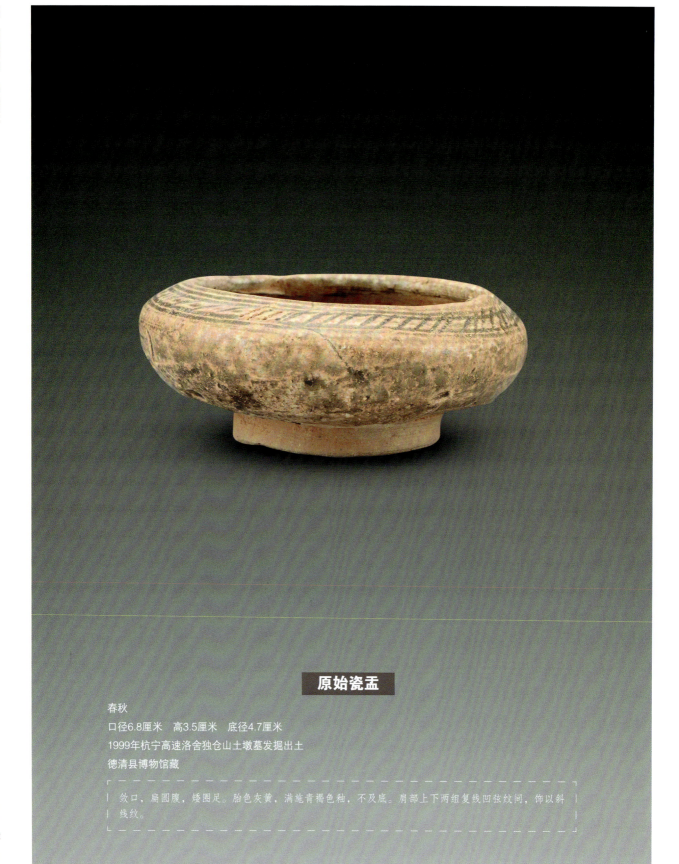

原始瓷盂

春秋
口径6.8厘米　高3.5厘米　底径4.7厘米
1999年杭宁高速洛舍独仓山土墩墓发掘出土
德清县博物馆藏

敛口，扁圆腹，矮圈足。胎色灰黄，满施青褐色釉，不及底。肩部上下两组复线凹弦纹间，饰以斜线纹。

原始瓷盖罐

春秋
口径13厘米　底径11.6厘米　通高16厘米　盖径14.3厘米
德清县博物馆藏

敛口，上腹圆鼓，下腹斜收，平底。灰白色胎，施青黄色薄釉。盖微拱，盖顶有绳索状半圆形钮。

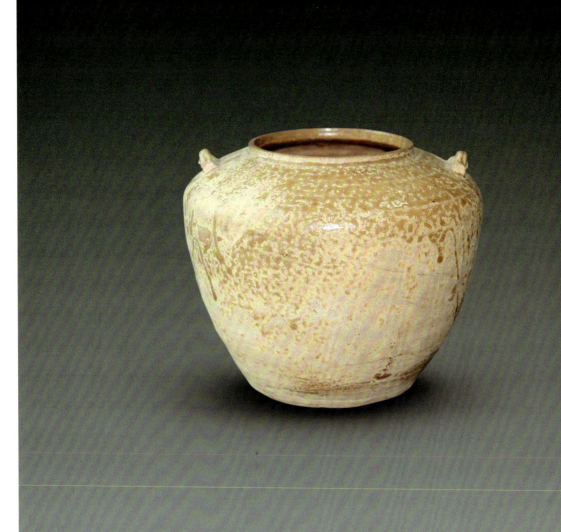

原始瓷折肩罐

春秋
口径8.6厘米　底径9.4厘米　高12.9厘米
德清县博物馆藏

短直口，鼓肩，近斜直腹，平底，肩部对置双泥条半环形横耳。

原始瓷带盖盅式碗

春秋
口径13.5厘米　底径6.3厘米　高9.1厘米
德清县博物馆藏

子母口，腹壁陡直，近底处折收成小平底。上置拱盖，盖钮呈绳索状半环形。灰白色胎，满施青黄色薄釉。内壁有细密螺旋纹。

原始瓷兽面鼎

战国
口径12.5厘米　通高12.4厘米
德清县博物馆藏

直口，外折平沿，浅直腹，平底下置三只兽蹄形足。一侧口沿上置高耸宽阔的兽首，额上饰冠状纹样。对侧口沿下置一泥条兽尾，上翘。另外两侧口沿下置长方形附耳，耳上端外折。胎质灰黄，釉面剥落严重。器腹部饰一道粗凸弦纹，弦纹上饰斜线纹，弦纹上侧、足上部和附耳外侧均饰云雷纹。

原始瓷甗形鼎

战国
口径14.5厘米 通高15.5厘米
德清县博物馆藏

盘口，束腰，扁圆腹，圜底，长蹄形三足外撇。口沿内侧对称置半环形立耳。胎质灰黄，施青黄色薄釉。

原始瓷甗

战国

通高21厘米　甑口径12.5厘米　鼎口径15厘米　鼎高16厘米

德清县博物馆藏

上甑下鼎。甑直口，深直腹斜收，圜底近平，中间有一大圆孔，口沿下对称置一对小环耳。鼎盘口，束腰，扁圆腹，圜底，长蹄形三足外撇，口沿内侧置半环形立耳。胎质灰白，满施青黄色薄釉。

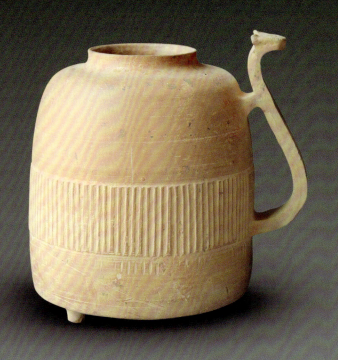

原始瓷龙首把罐

战国
口径5.6厘米　通高14厘米　底径11.5厘米
德清县博物馆藏

直口，隆肩，直腹微垂，平底下置三小乳钉形足。一侧有近S形宽扁把手，把手上端呈兽首形。灰黄色胎，施青黄色薄釉。中下腹部饰一圈竖条纹。

双面 C 字纹原始瓷璧

战国

外径9厘米　内径2.6厘米　厚0.6厘米

德清县博物馆藏

扁薄圆形器身，外缘规整，灰黄色胎，釉面不佳。自内向外饰四圈反向排列的戳印C形纹。

原始瓷角形器

战国

通高11.6厘米　最大径9.6厘米　通高9.5厘米　最大径8.7厘米　通高5.7厘米　最大径5.1厘米

德清县博物馆藏

形似羊角，下部中空。角形器和璧形器是越国贵族墓葬中特有的随葬器物，有陶质和原始瓷质，其数量和质地与墓主的级别相关。角形器的用途有象征阴阳说、代表财富说，还有人认为是支座，其真实用途有待进一步考证。

瓦棱纹原始瓷三足杯

战国
通高8.8厘米　口径8.2厘米　底径7.4厘米
德清县博物馆藏

口微敞，直筒深腹，底有三个乳钉形足。灰白色胎，内外施釉，釉层较薄。下腹部有竖条瓦棱纹。

原始瓷镇

战国
通高7.8厘米　底径6.8厘米
德清县博物馆藏

隆顶，鼓腹，底口内敛，中空，整体呈馒头状。顶部中心有半环形钮。

原始瓷锛

战国
高11.5厘米　宽3.5厘米
梁山土墩墓出土
德清县博物馆藏

方锛，侧边平直，平面呈长方形，平刃，正锋双面刃。灰白色胎，青黄色釉极薄。近锛端有凸棱两道，且生烧明显。

原始瓷镈钟

战国

通高16.8厘米　铣间11.1厘米　鼓间10.8厘米

德清县博物馆藏

平舞，弧于，合瓦形器身。舞上有环形钮。胎体呈灰白色，施薄釉。篆部用凸起的点状纹带分隔，且阴刻C形纹。

杭州半山一带出土原始瓷

　　1990年至1999年间，杭州城的北部半山地区先后发掘出土了3批战国墓葬。墓中出土了大量的原始瓷，其中有礼器、乐器和生活器皿。同时出土的还有水晶杯、玉器、琉璃器等。

　　1990年，杭州工农砖瓦厂在半山石塘小溪坞取土，发现一座战国墓（M1）。墓坑为"甲"字形，墓中出土文物50余件，其中原始瓷乐器30余件，以及瓿、镇、越式鼎、杯、琉璃蜻蜓眼、鸡骨白玉玦、铁器、玛瑙环、水晶杯等物品。

　　1992年，半山马陵山北面坡发现战国墓。出土有原始瓷碗2件、陶纺轮3件、原始瓷杯3件、原始瓷兽头鼎1件、原始瓷瓿锅1件、原始瓷越式鼎2件。

　　1999年，半山石塘黄鹤山西麓发现一批20余座战国土墩墓。其中出土了原始瓷60余件，有原始瓷碗、杯、盖罐、匜等物品。有的墓葬亦伴有玉器、石器出土。

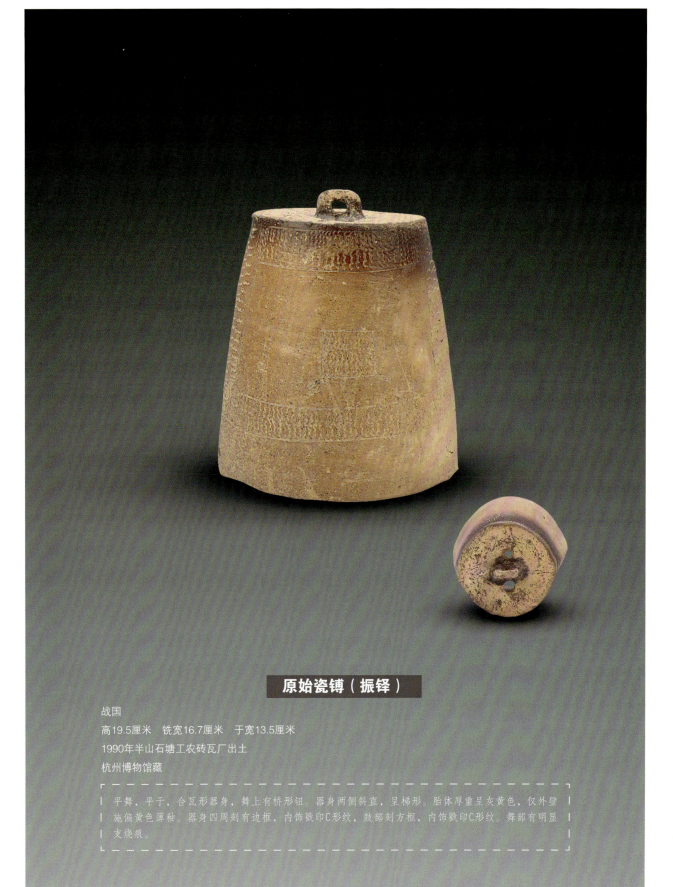

原始瓷镈（振铎）

战国

高19.5厘米　铣宽16.7厘米　于宽13.5厘米

1990年半山石塘工农砖瓦厂出土

杭州博物馆藏

平舞，平于，合瓦形器身，舞上有桥形钮。器身两侧斜直，呈梯形。胎体厚重呈灰黄色，仅外壁施偏黄色薄釉。器身四周刻有边框，内饰戳印C形纹，鼓部刻方框、内饰戳印C形纹。舞部有明显支烧痕。

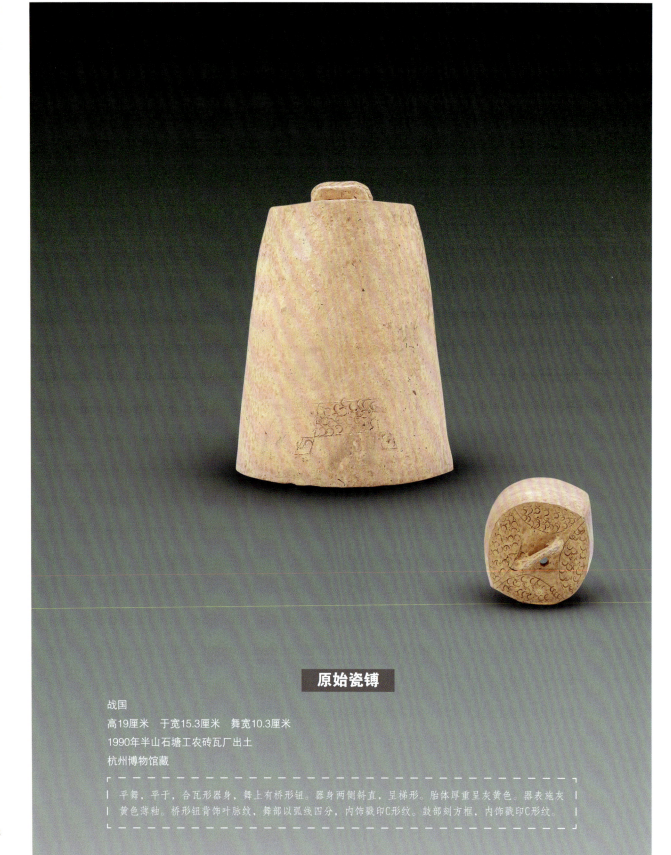

原始瓷镈

战国
高19厘米　于宽15.3厘米　舞宽10.3厘米
1990年半山石塘工农砖瓦厂出土
杭州博物馆藏

平舞，平于，合瓦形器身，舞上有桥形钮。器身两侧斜直，呈梯形。胎体厚重呈灰黄色。器表施灰
黄色薄釉。桥形钮背饰叶脉纹，舞部以弧线四分，内饰戳印C形纹。鼓部刻方框，内饰戳印C形纹。

原始瓷镈

战国

高18.2厘米　于宽15.2厘米　舞宽10.4厘米

1990年半山石塘工农砖瓦厂出土

杭州博物馆藏

平舞、平于，合瓦形器身，舞上有桥形钮。器身两侧斜直，呈梯形。胎体厚重呈灰黄色。器表施灰黄色薄釉。桥背饰叶脉纹，舞部以弧线四分，内饰戳印C形纹。器身四周刻有边框，鼓部刻方框，内饰戳印C形纹。

原始瓷甬钟

战国

高40.5厘米　铣宽21.4厘米　于宽18.5厘米

1990年半山石塘工农砖瓦厂出土

杭州博物馆藏

平舞，弧于，合瓦形钟身，甬下部有箍形旋。器身斜直外撇，呈梯形。每面钲部各九枚。胎体厚重灰黄，仅外壁施偏黄色薄釉。甬部饰复线三角形纹及网格纹，舞部以弧线四分内饰戳印C形纹，钲、枚、篆、鼓间均以双弦纹为界格栏线，栏线内填斜线纹。篆带、鼓部方框均饰戳印C形纹。舞部有明显支烧痕。

原始瓷甬钟

战国
高42厘米　铣宽22.6厘米　于宽17.8厘米　衡3.5厘米
1990年半山石塘工农砖瓦厂出土
杭州博物馆藏

平舞，弧于，合瓦形钟身，甬下部有箍形旋。器身斜直外撇，呈梯形。每面征部各九枚。胎体厚重灰黄，仅外壁施偏黄色薄釉。甬部饰复线三角形纹及网格纹，舞部以弧线四分内饰戳印C形纹，征、枚、篆、鼓间均以双弦纹为界格栏线，栏线内填斜线纹。篆带、鼓部方框均饰戳印C形纹。舞部有明显支烧痕。

原始瓷句鑃

战国
通高27.8厘米　铣宽14厘米　于宽10厘米
1990年半山石塘工农砖瓦厂出土
杭州博物馆藏

平舞、弧于，合瓦形器身。舞下有方锥形插柄。器身两侧略斜直外撇，呈倒梯形。胎体厚重灰黄，仅外壁施薄釉，釉色偏黄。舞部以弧线四分，内饰戳印C形纹。铦部近舞处饰复线三角形纹和戳印C形纹。

原始瓷句鑃

战国
高27.8厘米 于宽14厘米 铣宽10.5厘米
1990年半山石塘工农砖瓦厂出土
杭州博物馆藏

平舞，弧于，合瓦形器身。舞下有方锥形插柄。器身两侧略斜直外撇，呈倒梯形。胎体厚重灰黄，
仅外壁施薄釉，釉色偏黄。舞部以弧线四分，内饰戳印C形纹。钲部近舞处饰复线三角形纹和戳印C
形纹。

原始瓷句鑃

战国

通高36.3厘米　铣宽17.1厘米　于宽14.5厘米

1990年半山石塘工农砖瓦厂出土

杭州博物馆藏

平舞，弧于，合瓦形器身。舞下有方锥形插柄。器身两侧略斜直外撇，呈倒梯形。胎体厚重灰黄，仅外壁施薄釉，釉色偏黄。舞部以弧线四分，内饰戳印C形纹。钲部近舞处饰复线三角形纹和戳印C形纹。

青釉原始瓷句鑃

战国
高40.1厘米　宽14.9厘米
1990年半山石塘工农砖瓦厂出土
杭州博物馆藏

平舞，弧干，合瓦形器身。舞下有方锥形插柄。器身两侧略斜直外撇，呈倒梯形。胎体厚重灰黄，仅外壁施薄釉，釉色偏黄。钲部近舞处环饰弦纹和三角纹，内饰云雷纹。

青釉原始瓷句鑃

战国
口径8厘米　底径12.3厘米　通高23厘米
1990年半山石塘工农砖瓦厂出土
杭州博物馆藏

平舞、弧干，合瓦形器身。舞下有方锥形插柄。器身两侧略斜直外撇，呈倒梯形。胎体厚重灰黄，仅外壁施薄釉，釉色偏黄。钲部近舞处环饰弦纹和三角纹，内饰云雷纹。

兽头原始瓷鼎

战国
高13.2厘米　口径13.5厘米　底径8.6厘米
杭州博物馆藏

直口，外折平沿，浅直腹，平底下置三只兽足形足，口沿一侧饰高耸兽首，一侧饰兽尾。另外两侧口沿下设长方形附耳，上端外折。土黄色胎，施满釉，釉面剥落严重。器表光素无纹，仅腹部饰两道凸弦纹。

青釉原始瓷鼎

战国

高16.7厘米　口径17.5厘米

杭州博物馆藏

直口，斜沿外折，直腹较深，底设三细长足，足尖外撇，口沿上对设半环形立耳。灰黄色胎，施满釉，釉色偏黄，釉面剥落严重。

青釉原始瓷鼎

战国
高7.9厘米　口径12.3厘米
杭州博物馆藏

直口，平沿外折，直腹较深，圆底，口沿上对设半环形立耳，底设三足，外撇。胎色灰黄，施满釉，釉色偏黄，釉面剥落严重。

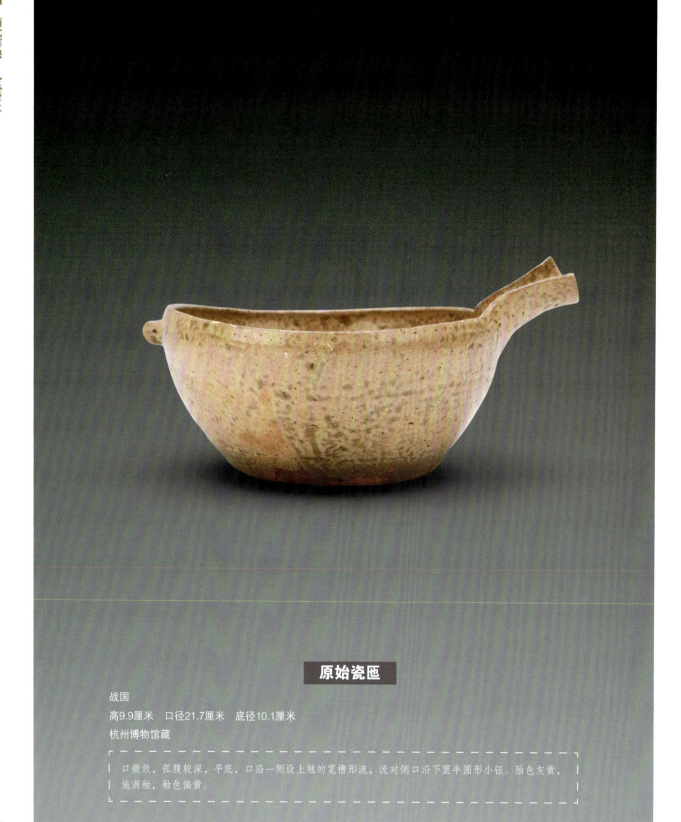

原始瓷匜

战国
高9.9厘米　口径21.7厘米　底径10.1厘米
杭州博物馆藏

口微敛，弧腹较深，平底，口沿一侧设上翘的宽槽形流，流对侧口沿下置半圆形小钮。胎色灰黄，施满釉，釉色偏黄。

原始瓷罐

战国
高13.3厘米　口径14.7厘米　底径13.5厘米
杭州博物馆藏

直口，平折肩，深腹斜直渐收，近底处折收成平底。胎色灰黄，施满釉，釉色偏黄，有凝釉现象。折肩处对贴饰S形纹。

S 纹原始瓷罐

战国
高6.2厘米　口径4.8厘米　底径5.8厘米
杭州博物馆藏

矮直口，弧肩，上腹圆鼓，下腹斜收，平底。胎色深黄，釉色偏黄，有凝釉现象。肩部对贴饰S
形纹。

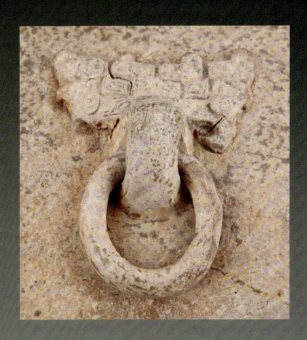

四系原始瓷罐

春秋
高28.5厘米　口径18.7厘米　底径16厘米
杭州博物馆藏

短直口，圆肩，上腹圆鼓，下腹斜收，平底，肩部设对称铺首衔环四枚。灰白色胎，釉色青黄，釉面剥落严重。

几何纹筒形原始瓷卣

春秋
高31.5厘米　口径21.4厘米　底径17.6厘米
杭州博物馆藏

敛口，圆肩，腹微鼓，直筒型器身自腹部渐收，平底。肩部对设绳索状半环形耳。灰黄色胎、施极薄灰黄色釉，釉面剥落严重。口沿下饰一圈水波纹，器身满饰拍印对称弧线纹。

青釉兽耳原始瓷瓿

战国
高28.5厘米　口径21.1厘米　底径15厘米
杭州博物馆藏

短直口，微侈，上腹圆鼓，下腹斜收，平底。器肩对设兽面双耳，双耳高耸。灰白色胎，釉色偏黄，有凝釉现象。

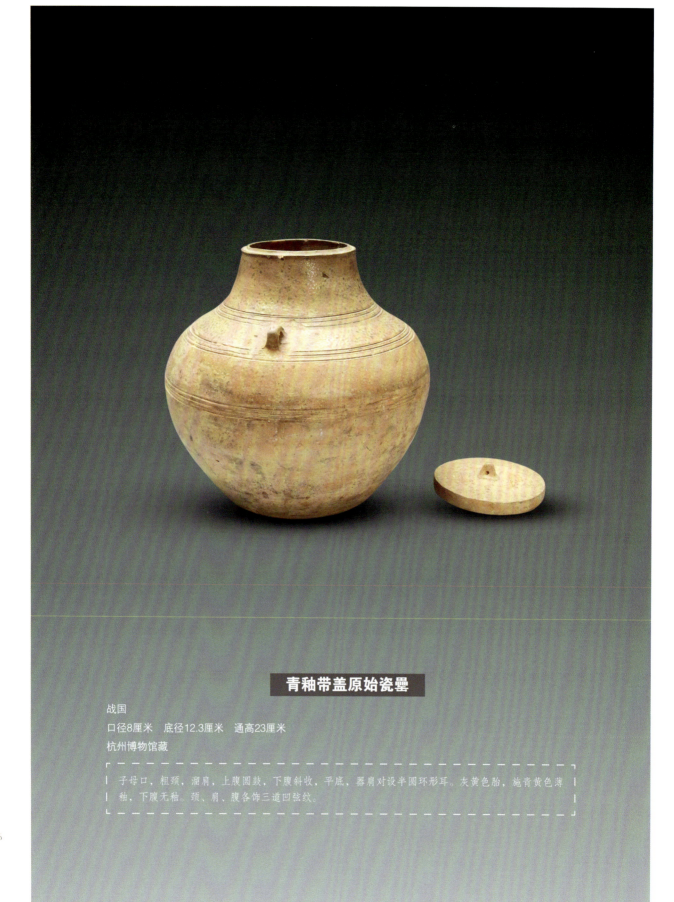

青釉带盖原始瓷罍

战国

口径8厘米　底径12.3厘米　通高23厘米

杭州博物馆藏

子母口，粗颈，溜肩，上腹圆鼓，下腹斜收，平底，器肩对设半圆环形耳。灰黄色胎，施青黄色薄釉，下腹无釉。颈、肩、腹各饰三道凹弦纹。

青釉带盖原始瓷罍

战国

口径8.2厘米　底径13厘米　通高23.8厘米

杭州博物馆藏

　　子母口，粗颈，溜肩，上腹圆鼓，下腹斜收，平底，器肩对设半圆环形耳。灰黄色胎，施青黄色薄釉，下腹无釉。颈、肩、腹各饰三道四弦纹。

原始瓷鼎

战国
高7.3厘米　口径13厘米　底径6厘米
杭州博物馆藏

敞口，平沿外折，弧腹斜收，小平底，底设三粗壮高足，足尖外撇。灰黄色胎，施极薄青黄色釉。器内壁有细密螺旋纹。

兽耳三足原始瓷鼎

战国

高12.8厘米　口径8厘米　底径6.7厘米

杭州博物馆藏

平沿外折，弧腹，平底，底附粗短撇三足。口沿一侧塑有一高冠兽面，兽面表面装饰模糊，另一侧为环形耳。胎呈土红色，釉层较薄。腹部有多道弦纹。

青釉原始瓷钵

战国
高6厘米　口径8.7厘米　底径4.3厘米
杭州博物馆藏

直口微敛，腹弧收，平底。胎色灰白，釉色青灰泛黄，釉面透亮。

青釉原始瓷碗

战国
高5.5厘米　口径8.2厘米　底径4.6厘米
杭州博物馆藏

直口微敛，腹弧收，平底。胎色灰白，内部施釉，外部釉层剥落，釉色青灰泛黄，釉面透亮。

青釉原始瓷碗

战国
高5.1厘米　口径7.4厘米　底径4.9厘米
杭州博物馆藏

直口微敛，腹弧收，平底。胎色灰白，内部施釉，外部釉层剥落，釉色青灰泛黄，釉面透亮。外壁
刻划凹弦纹多道。

青釉竖条纹原始瓷钵

战国
高6.5厘米　口径8.6厘米　底径4.4厘米
杭州博物馆藏

敞口微敛，弧腹较深，平底。胎色灰黄，施青黄色釉，有凝釉现象，上腹部饰一圈直条纹。

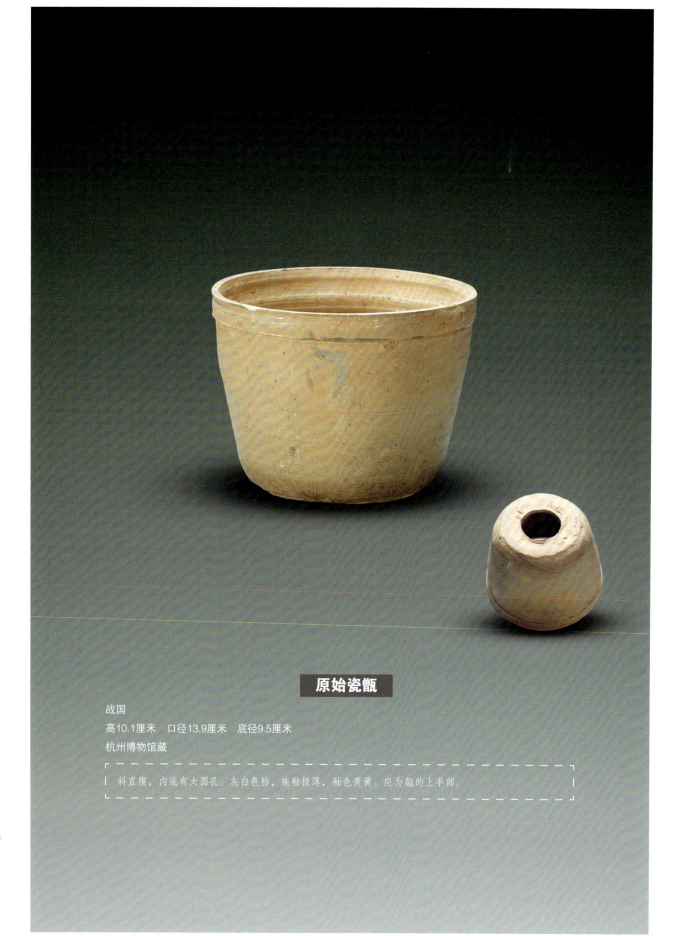

原始瓷甑

战国
高10.1厘米　口径13.9厘米　底径9.5厘米
杭州博物馆藏

斜直腹，内底有大圆孔。灰白色胎，施釉极薄，釉色青黄。应为甑的上半部。

原始瓷杯

战国

高4.9厘米　口径5.8厘米　底径5.5厘米

1990年杭州半山石塘战国M1-29出土

杭州博物馆藏

直口微敛，筒形深腹，饼足。胎色灰白，有红色的火石红痕迹。

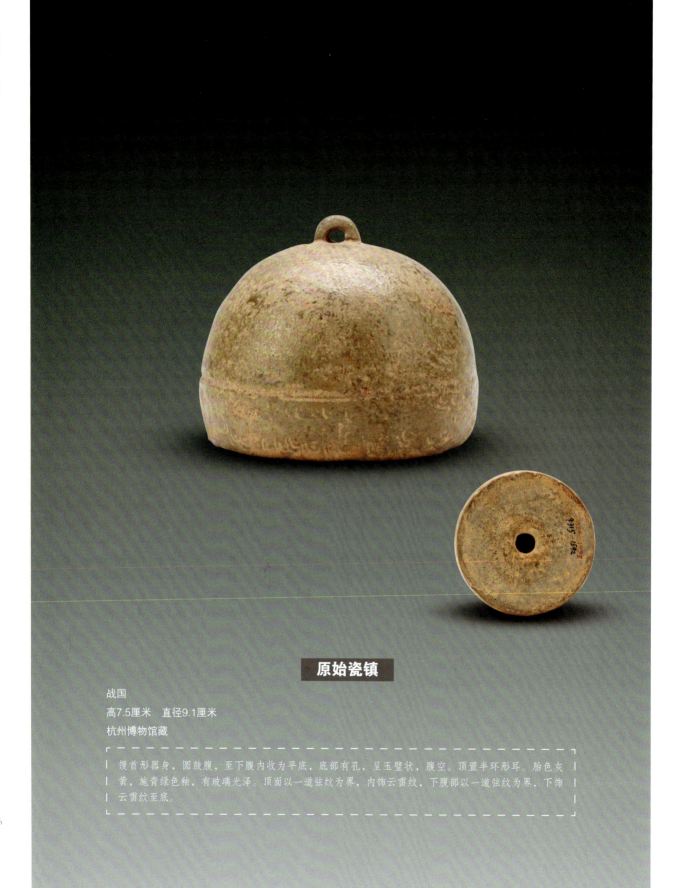

原始瓷镇

战国
高7.5厘米　直径9.1厘米
杭州博物馆藏

慢首形器身，圆鼓腹，至下腹内收为平底，底部有孔，呈玉璧状，腹空。顶置半环形耳。胎色灰黄，施青绿色釉，有玻璃光泽。顶面以一道弦纹为界，内饰云雷纹，下腹部以一道弦纹为界，下饰云雷纹至底。

水器 Water Vessels	盘 pán 盥洗器，配套洗手，一人捧匜浇水，一人捧盘盛水	匜 yí 盥洗器，配套洗手，一人捧匜浇水，一人捧盘盛水	鉴 jiàn 大型水器，盛水亦可盛冰	盆 pén 盛饭亦可盛水	盂 yú 大型盛饭器，兼可盛水盛冰	
食器 Food Containers	敦 duì 饭食器，盛放煮熟的黍、稷、稻、粱	铺 pū 盛食器	豆 dòu 盛食器，专备盛放腌菜和肉酱的和味品	盨 xǔ 饭食器，盛放煮熟的黍、稷、稻、粱	簋 guǐ 饭食器，盛放煮熟的黍、稷、稻、粱	鬲 lì 肉食器，另一说为炊粥或盛粥
酒器 Wine Vessels	觯 zhì 饮酒器，类似杯	卣 yǒu 专用于放香酒的盛酒器	罍 léi 中、大型盛酒器	尊 zūn 大、中型盛酒器	觚 gū 饮酒器	爵 jué 斟酒器，另一说为饮酒器
乐器 Musical Instruments	铃 líng 打击乐器	钟 zhōng 打击乐器	铙 náo 打击乐器	钲 zhēng 打击乐器	镈 bó 大型单个打击乐器	铎 duó 撞击乐器，相当于大型的铃
兵器 Weapons	矛 máo 用于刺杀的兵器	钺 yuè 砍伐兵器，有的有权仗性质	戈 gē 用于钩杀的兵器	刀 dāo 用于砍杀的兵器	剑 jiàn 可斩可刺的兵器	戟 jǐ 顶有尖矛用于刺杀的兵器

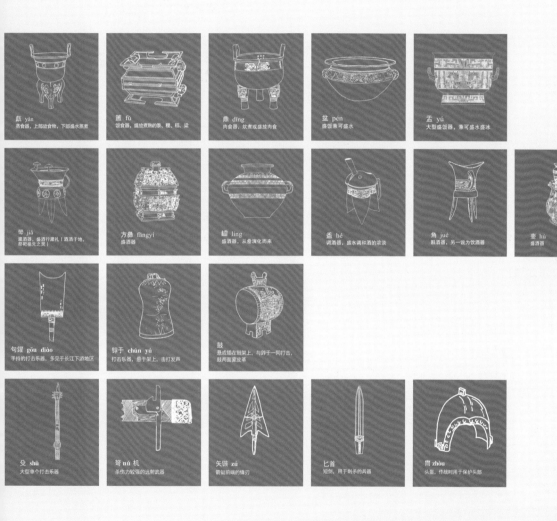

甗 yǎn
蒸食器，上部放食物，下部盛水蒸煮

鬴 fǔ
饭食器，盛放煮熟的黍、稷、稻、粱

鼎 dǐng
肉食器，炊煮或盛放肉食

盆 pén
盛饭兼可盛水

盂 yú
大型盛饭器，兼可盛水盛冰

斝 jiǎ
灌酒器，盛酒行灌礼（酒洒于地，祭祀祖先之灵）

方彝 fāngyí
盛酒器

罍 léng
盛酒器，从壺演化而来

盉 hé
调酒器，盛水调和酒的浓淡

角 jué
斟酒器，另一锐力饮酒器

壶 hú
盛酒器

觥 gōng
盛酒器，多作鸟兽形

句鑃 gōu diào
手持的打击乐器，多见于长江下游地区

錞于 chún yú
打击乐器，悬于架上，击打发声

鼓
悬或插在鼓架上，与錞于一同打击，鼓两面蒙皮革

殳 shū
大型单个打击乐器

弩 nú 机
杀伤力较强的远射武器

矢镞 zú
箭铤前端的锋刃

匕首
短剑，用于刺杀的兵器

胄 zhòu
头盔，作战时用于保护头部

后　记

　　原始瓷与青铜器，虽材质迥异，工艺有别，但皆精美绝伦、性能卓越。它们南北辉映，闪光着古人的智慧和理性，是凝聚两周文明的两大物化载体。

　　以两周时期北方（河南地区）青铜器与南方（浙江地区）原始瓷的融合为题，杭州博物馆、河南博物院、德清县博物馆首次协手，整合资源，通力合作，共同推出了《南北辉映　礼乐至上——两周时期河南青铜器浙江原始瓷联展》，遴选青铜器和原始瓷精品共256件，从文明对比（原始瓷与青铜器对比、南方与北方对比、中原与越地对比）的角度，阐述两周时期华夏文明的多元一体与南北交流，充分展现了原始瓷对青铜器的影响，引领观众回溯千年前的文明密码和人文境界。

　　展览充分展现了杭州博物馆、河南博物院与德清县博物馆的馆藏特色。河南博物院馆藏的两周青铜器，其数量之大，级别之高，工艺之精，体现了中原礼乐制度的繁昌。杭州博物馆馆藏的战国原始瓷礼乐器，展现了战国时代越文化的勃兴发达与越国的霸业有成。德清县博物馆馆藏的原始瓷，上至殷商，下迄战国，序列完整，种类繁多，见证了原始瓷从发轫到衰微的漫长历程。

　　在此，谨向为本次联展倾注热情，给予鼎力支持的各方同仁表示诚挚敬意和衷心感谢！

编者

2017年4月

图书在版编目（ＣＩＰ）数据

南北辉映　礼乐至上 / 杭州博物馆编；杜正贤主编
. —— 杭州：西泠印社出版社，2017.4
ISBN 978-7-5508-2042-5

Ⅰ．①南… Ⅱ．①杭… ②杜… Ⅲ. ①青铜器(考古)
—河南—周代—图集②原始瓷器—浙江—周代—图集
Ⅳ. ①K876.412②K876.32

中国版本图书馆CIP数据核字(2017)第066600号

南北辉映　礼乐至上

杭州博物馆 编　杜正贤 主编

出 品 人	江　吟	
责任编辑	吴心怡	
责任出版	李　兵	
责任校对	刘玉立	
出版发行	西泠印社出版社	
地　　址	杭州市西湖文化广场32号E区5楼	
邮　　编	310014	
电　　话	0571—87243279	
经　　销	全国新华书店	
设计制作	杭州真凯文化艺术有限公司	
印　　刷	浙江影天印业有限公司	
开　　本	889mm×1194mm　1/16	
印　　张	8	
印　　数	0001-1000	
书　　号	ISBN 978-7-5508-2042-5	
版　　次	2017年4月第1版　2017年4月第1次印刷	
定　　价	360.00元	